SV

Peter Handke
Die Kuckucke von Velika Hoča

Eine Nachschrift

Suhrkamp

Erste Auflage 2009

Druck: Pustet, Regensburg
Printed in Germany
ISBN 978-3-518-42056-0

1 2 3 4 5 6 – 14 13 12 11 10 09

Die Kuckucke von Velika Hoča

Es kommt vor, daß das katholische und das orthodoxe Osterfest zusammenfallen. In diesem Jahr 2008 war eine monatlange Spanne zwischen den beiden hohen christlichen Festen. »Westrom« feierte die Auferstehung Christi schon vor Ende März, fast noch im Winter, »Ostrom« dagegen fünf Wochen später, fast schon im Mai.

Seit langem das Vorhaben, wieder in den (oder das) Kosovo, kyrillisch KOCOBO, oder wie nach der albanischen Unabhängigkeitserklärung vom Februar 2008 die neu eingeführte Rechtschreibung lautet, rein lateinisch: »nach Kosova« aufzubrechen. Aufschub um Aufschub, wohl auch um der Aktualität auszuweichen – den Unruhen vor allem im nördlichen Kosovo, dessen serbische Mehrheit sich nicht mit dem Existierenmüssen in einem fremden Staat abfinden wollte.

Und so erst anfangs der zweiten Nachosterwoche, am Džordžev Dan, am St. Georgstag, dem 6. Mai, dem anders hohen Fest der serbischen Orthodoxie, im Flugzeug nach Belgrad. Aus nun schon jahrzehntelanger Erfahrung die Gewißheit, die byzantinisch-balkanische Auferstehung von den Toten wäre nicht mit einem einzigen Tag, ja, nicht einmal nach einer ganzen Woche abgefeiert, und zumindest auch noch in der zweiten Woche darauf wäre sie allerorts, in den Kirchen und ebenso drinnen in den Küchen und draußen in den Lüften, zu erwittern oder zu erschnüffeln, und beileibe nicht so wie das bei einer der vorigen Osterreisen an der Landstraße, *Magistrala*, Belgrad-Kosovo von einem herzlich strahlenden Einheimischen überreichte selbstbemalte Ei, das schon tags darauf faul stank.

Das Vorhaben, anders als all die Male zuvor, bestand bei diesem Besuch freilich nicht nur aus dem bloßen Dabeisein, Mitfeiern, Anschauen und Zuhören. Es drängte mich, den und jenen einzelnen im serbischen Kosovo ausführlich, sozusagen systematisch, in der Rolle eines Reporters oder meinetwegen Journalisten, zu befragen, und die Antworten dem entsprechend mitzuschreiben. Und das hatte ich vor an einem Ort, wo ich, nicht bloß einmal, schon gewesen war, in der serbischen Enklave von Velika Hoča, ВЕЛИКА ХОЧА, einem Dorf im südlichen Kosovo.

Systematisch? Nein, da war kein vorbereitetes Frage-System, keine vorbedachte Zielrichtung. Oder doch? Etwa einfach, indem ich im voraus dem Otac Milenko, dem »Vater Milenko«, dem Popen des Dorfes, als der Autoritätsperson der Enklave Velika Hoča, für den Lauf der Besuchswoche die Auswahl der zu Besuchenden und zu Befragenden überlassen hatte? Indem ich die eine oder andere Frage zur Aktualität »systematisch« zu vermeiden gedachte? Indem ich zudem in der Niederschrift dann vermeiden wollte, daß allein schon die Syntax eine Meinung oder ein Vorurteil, weder ein negatives noch auch ein positives, verriete?, so wie zum Beispiel der Spezialentsandte der *Süddeutschen Zeitung* von den Bewohnern einer anderen »armseligen« Enklave, der von Gračanica bei Prishtina, vormals Priština, in den Februartagen vor der albanischen Unabhängigkeitserklärung berichtete: »Sie haben angeblich große Angst«, oder noch deutlicher so, wie der Balkankorrespondent der *Frankfurter Allgemeinen Zeitung* Jahre zuvor in einer (fast) die Unsterblichkeit verdienenden Wendung die Aussage eines Buspassagiers von einer Fahrt zwischen zwei serbischen Enklaven wörtlich folgendermaßen wiedergab: »(XY) sagte, der Bus sei angeblich mit Steinen beworfen worden.«

Autofahrt von Belgrad durch die hügelige mittelserbische Šumadija (von šuma, der Wald) und weiter nach Süden durch das Ibar-Tal, legendär durch den von einer französischen Königstochter da eingeführten, inzwischen allerorts wild auf den Felsen wachsenden jergovan (= Flieder). Ein schwüler, zwischendurch auch gewittriger Tag. Im Auto noch dabei, neben Zlatko B., dem berühmten Lebenskünstler (= Nichtstuer, und gelegentlich Weinbauer, und noch gelegentlicher Maler), Ranko, junger serbischer Dichter aus Djakovica/Gjakovë, der Stadt im Südkosovo, mit über hunderttausend Einwohnern, wo inzwischen »angeblich« kein einziger Serbe mehr lebt. Ranko hatte schon bei unserer ersten und zweiten Fahrt in die Enklavenlandschaft, vor zwei Jahren zu einem Lokalaugenschein auf einem »natürlich verschwundenen serbischen Friedhof« (*Die Zeit*), im Vorjahr zu den Osterfeiern in Velika Hoča und in Orahovac, als Lotse gedient, damals freilich jeweils in einem großen Bus mit Belgrader Kennzeichen, kyrillischer Flankenschrift und einem nicht zu kleinen, deutlich flatternden serbischen Wappenwimpel, in welchem vielleicht nicht nur der österreichische Gesandte oder Geschäftsführer im Kosovo, als das riesenhafte Gefährt, auffällig schon von weitem, hinten auf den ausschließlich mit PKWs bestückten Parkplatz des Flugplatzes von Priština einschwenkte, eine Provokation zu sehen meinte. »Die wollen provozieren«, war es dem Mann da fast erschrocken entfahren, und für den Augenblick teilte auch ich, der doch gerade auf das Gefährt für die Weiterreise ins noch ferne Velika Hoča wartete, (fast) seine Meinung.

Für mich war Ranko in erster Linie der Dichter, und erst in zweiter der Organisator. Als ein solcher war er kaum aufgetreten, und auch als Dichter, stark im Gegensatz zu dem und jenem unter den Busreisenden, der gleich zu Beginn der Fahrt seine gesammelten Gedichtbroschüren an die übrigen Insassen verteilte, hatte er sich zurückgehalten: nur einmal, während eines Aufenthalts im Kloster Dečani, sprach er, von einem befreundeten Mönch aufgefordert, aus dem Stand eins seiner Gedichte, so unauffällig in Haltung wie in der Stimme, daß es den Eindruck von einer bloßen Fortführung des Tischgesprächs gab, allerdings statt unter dem Klosterdach nun unterm freien Himmel. Daß man in jemand wie ihm auch den »Angehörigen« eines »Ministeriums« sehen konnte, wurde mir erst klar bei der Lektüre des Berichts von der Hand eines deutschen Bundestagsabgeordneten über die Februar-Unruhen (die bei ihm durchweg »Ausschreitungen« heißen und »eine neue ›Qualität‹ der Gewalt« zeigen) im serbischen Teil von Kosovska Mitrovica: »Wir sehen ein internes Video der Ausschreitungen. Etliche Gewalttäter werden identifiziert. Es sind Angehörige des serbischen Innenministeriums!!!« (Im Bericht stehen in der Tat diese 3 Rufzeichen.)

Auch mir begegnete Ranko auf unseren drei Reisen nach Velika Hoča (das für die Serben eigentlich nicht Kosovo, sondern »Metohija«, Klosterland, ist) jedesmal in einer neuen Qualität, wenn auch keinmal als Ministeriumsmann. Unscheinbarer Dichter und Wegbereiter beim ersten Mal; beim zweiten Mal, vielleicht auch in Erwartung des schon unausweichlich erscheinenden Verlusts seines Klosterlands, als ein fast sprachlos gewordenes Gespenst, halb gelähmt, nicht nur an der Zungenwurzel, von Antidepressiva, die Stimme ohne Stimme, die Augen ohne Blicke, eine bloße Attrappe des vorjährigen, so vollkommen geistesgegenwärtig den Umkreis still dirigierenden Ranko. Attrappe? Eher eine Gestalt des Jammers, eines untröstlichen, welcher man in einem fort den Arm um die eingefallenen Schultern und die Hand auf die leblose Hand legen wollte. Und jetzt auf der Maireise, im Auto, nicht mehr im Bus, wieder ein anderer Ranko: frech und wie übermütig, oder mit einer Art Galgenhumor seine Lieder vor sich hin und zum offenen Fenster hinausschmetternd, für Momente – im albanischen Gebiet dann – der, siehe oben, verkörperte »Provokateur«, zwar ganz und gar nicht auf Gewalt aus, vielmehr auf eine Art Kampf, oder Konfrontation, die vor allem der Selbstbehauptung zu dienen schien. Als Kind in, damals auch noch seinem, Djakovica, so erzählte er, war er, der Angehörige keines Ministeriums, sondern der Minderheit, jeweils mit einem Hammer, *cekic*, in der Tasche auf die Straße gegangen. Er sagte nicht, ob er ihn je bei einem Kampf eingesetzt hatte. Vorstellbar war es nicht. (Aber wer weiß?)

Noch ging die Autofahrt jetzt freilich nicht durch albanisches Gebiet. Die erste Nacht wurde in eben dem nördlichen Teil von Kosovska Mitrovica, diesseits des Flusses Ibar, zugebracht, wo es Mitte Februar 2008, zweieinhalb Monate zuvor, zu den serbischen »Ausschreitungen« gekommen war. Das kleine Hotel an der Einfahrtstraße gab es nicht mehr. So wurde in einer verwinkelten Nebenstraße übernachtet, in einem ebenso verwinkelten Neubau, in Zimmern oberhalb einer Gaststätte, die einsteils eines der auf dem Balkan üblich gewordenen »Ethnorestaurants«, andernteils eine Pizzeria war (so auch der Name: »Pizzeria Number One«). Außer uns als Gäste fast nur lederbekleidete Junge, vor allem Paare, Teilnehmer einer in den serbischen Medien groß angekündigten Motorradrallye, Treffpunkt vorgesehen für den folgenden Morgen an der Völkerscheidenbrücke über den Ibar, wo, je nachdem, eine neue Ausschreitung erwartet, oder befürchtet, oder erhofft wurde.

An jenem Morgen dann früh auf, allein, und ebenso auf und ab, hin und her, kreuz und quer durch das nordibarische Kosovska Mitrovica. Hinter der Herberge eine beträchtliche, tiefe Baugrube: die dann die einzige bleiben sollte, welche mir in der ganzen Nordstadt unter die Augen kam – jedenfalls die einzige, in der dann später am Tag Arbeiter am Werk waren. Ein kalter sonniger Maimorgen, annähernd dreihundert Kilometer südlich von dem tags zuvor so gewitterschwülen Belgrad. Fast alle der jeweils mit ein paar Ellen auszumessenden hölzernen Buden – kaumwo etwas wie ein regelrechter »Laden« – der Kioskballungszone an der sich hinab zum Fluß gabelnden Hauptstraße noch unbemannt, mit Sperrschloß außen, nicht wenige auch leer, ohne Waren, wie länger schon, und wie endgültig. Nur die sporadischen Brotbaracken hier und da schon bestückt mit den hellen Laiben, die freilich noch ziemlich vollzählig innen auf den Schaufenstersimsen und hinten auf den Stellagen bereitlagen; und dazwischen saßen mit verschränkten Armen, oder bilde ich mir das jetzt bloß so ein?, die in der Regel wie gerade erst ausgeschulten, sehr jungen Verkäuferinnen und schauten durch den Passanten durch, mit offenbar nichts im Blick, weder die Nähe noch auch die Ferne, wo die Hügel außerhalb der Stadtgrenzen sich abzeichneten, so deutlich bereits ein steppenhaft kahler anderer Bereich und doch dazugehörig wie sonst, in Europa, nur in den Städten der spanischen Meseta, hier in Mitrovica, der seit langem stillgelegte riesige Erzhügel der Mine von Trepce, und auf dem Steppensteilhang gegenüber die alleinstehende orthodoxe Kathedrale, mit dem, was ist das? Gewerkendenkmal auf dem Nachbarhang, alle diese Formen ungleich monumentaler als jedes Bauwerk in der Stadt. Und in der Nähe? Kaum jemand sonst unterwegs als die

Schüler und Studenten (Mitrovica-Nord als Universitätsstadt), zahlreich und immer zahlreicher, und zugleich ein jeder und eine jede allein zu den Schulen und Hörsälen strebend, stumm und, wie die Verkäuferinnen in den Brotbuden, ohne Wahrnehmung des anderen. Augenscheinlich allein auf den Lerntag konzentriert, strebten diese vielen Jungen an dem immer noch frühen und kühlen Morgen dahin, zu den Fachschulen, ins Technikum, in die philosophische Fakultät, und entschieden friedlich, und taten, als sei nichts gewesen, taten, als hätten sie sich nicht erst vor kurzem zusammengerottet und gewaltsam das von den alleuropäischen Polizisten besetzte provinzeigene Gerichtsgebäude gestürmt und die Tanks der Beschützer aus der Friedenstruppe in Brand gesteckt, oder zumindest, in der Gestalt etwa dieses einzelnen blassen Mädchens mit der Lernmappe jetzt da, in Jeans und dicker Strickjacke, am Tag des Aufruhrs die stadtweit gedrängte Menge lautsprecherverstärkt mit angeblich selbstgemachten Agitpropversen zum Ausharren aufgerufen, zum Beispiel so: »Ihr versteht mich nicht, / sagt: ›sie ist ein Kind‹. / Ich bitte euch, bleibt hier, / und daß ihr nicht geht, nicht! und nirgendwohin ...« (als Ghostwriter einer aus dem bewußten Innenministerium?).

Endlich hinab zur Brücke über den Ibar, einer der vielen neuen Grenzen außerhalb des nichtvereinigten Teils von Europa. Das am ehesten Auffällige am serbischen Ufer, neben den entsprechenden Flaggen, die Warteschlange der meist alten Männer vor der noch geschlossenen »Rentenbank«, und auf Schritt und Tritt, an den Bäumen, Strommasten, den Türen und Fenstern der häufigen Abbruchhäuser, die Todesanzeigen, einige auch albanisch, mit albanischen Namen, Zeichen, daß die Nordstadt, anders als das Mitrovica jenseits des Flusses, nicht ausschließlich von einer einzigen Völkerschaft bewohnt wird. Inmitten all der Bruchbuden und doch auch Werkstätten unversehens da und dort ein unversehrtes kleines Haus, ebenerdig, dabei mit so harmonischen Ausmaßen und Strukturen, daß es an Wohnlichkeit keine Villa, und schon gar keine Prunkvilla, ob im Grunewald oder in Hampstead Heath, mit ihm aufnehmen könnte; zurückversetzt von der Uferstraße, davor ein Garten dicht bewachsen mit immer kurzen Bäumen, Blütensträuchern und Spalierobst, ein keineswegs verwachsenes Durcheinander, eher ein wie kalkulierter Rebus, in dem ein etwa da sitzender oder stehender Mensch nur schwer und erst nach langem Beäugen ins Auge fiele, dann allerdings um so jäher, überraschender, deutlicher. In der Folge das Eintreffen der ersten Teilnehmer der Motorradrallye, zwar unter nicht anders zu erwartendem Getöse und im Stand danach rhythmischem »Gasaufdrehen«, aber zugleich in einer Art Respektsabstand zu der international bewachten Brücke – nur vorderhand? Mir ist nicht bekannt, wie es im Lauf jenes Tages mit dem Meeting, oder was es war, weiterging, ob daraus eine Demonstration wurde, ob diese »ausartete« – denn am frühen Nachmittag war ich schon in Velika Hoča, und in den folgenden Tagen las ich keine Zeitung, es gab in der Enklave, ob guter- oder schlechterdings, keine, die einzige, die dort, in der Küche des Popen, die ganze Woche lang sich zu sehen gab, waren die aus Kosovska Mitrovica mitgebrachten *Večernje Novosti*, die Abendneuigkeiten, mit den immergleichen Titeln und Abbildungen; doch von Zusammenstößen auf der Brücke wäre wohl auch so zu hören gewesen.

Sitzen dann, immer noch allein und weiterhin in der kühlen Morgenluft, auf der Terrasse des nicht nur seines Namens wegen bekannten Cafés namens »Dolce Vita«, vor Augen die Brückenschwelle. (Bekannt ist, oder war, das Café auch, weil allda oder alldort die Berichterstatter aus den westlichen Metropolen in den seit dem Auseinanderfallen Jugoslawiens bis jetzt andauernden Krisenzeiten sich von den werweißwie ausgewählten Gästen, in der Regel jungen, deren Meinungen und Ansichten zur einschlägigen Verwendung und Weitergabe erzählen ließen.) Vor mir liegt jetzt, auf den Tag zwei Monate später, der Kassenzettel des Cafés: DOLCE VITA / KOSOVSKA MITROVICA / HVALA NA OBISK (danke für den Besuch) / 8 05 2008 / NESKAFA (Neskaffee) / KISELA VODA (Mineralwasser) / 110.00 (DINAR, noch immer die serbische Währung im nördlichen Kosovo). Ich habe mir den Bon gleich ins Notizbuch geklebt, aber schon kurz danach bleichte die Schrift so sehr aus, daß ich sie mit dem Filzstift nachziehen mußte, und das Nichtnachgezogene ist inzwischen völlig verschwunden. In der Erinnerung jetzt hat der Kellner kein Wechselgeld bereit, und das ist wohl auch noch länger so geblieben, das »Dolce Vita« wäre, so oder so, ergiebig erst als Abendlokal.

Sich verstärkende Sonne und zunehmendes Blauen, sirrende Mauersegler, schwirrende Spatzen, trippelnde Tauben, die Gehsteige zwar brüchig, aber überall ritzenfrisch gekehrt, die Busse zwar rumpelig, aber klinkenrein gewaschen. Es war ein friedlicher, und, in Anbetracht dies allen, noch wachsend friedlicherer Morgen, mit der Zeit geradezu umfassend friedlich. Selbst die fremdländischen Soldaten und sogar deren Fahrzeuge und Gerätschaften schienen Teil eines solchen Friedens zu werden. Und der gab mir dann auch den Aufschwung, mir nichts dir nichts von der Terrasse des »Dolce Vita« aufzubrechen über die Brücke und den Fluß Ibar südwärts, in den rein albanischen Bezirk von Kosovska Mitrovica. Nicht bloß, so meine Vorstellung, konnte mir nichts geschehen, sondern es wäre in Mitrovica-Süd auch ein Neuland zu entdecken, für jemanden wie mich wenigstens.

War es dann so? Ich weiß es bis heute nicht so recht, und möchte versuchen, es durch das Aufschreiben herauszufinden. Auf der Brükke brauchte ich mich, gegen die Erwartung, nicht auszuweisen. Sie wurde auf der serbischen Seite bewacht von Franzosen, das war schon an den Uniformen zu erkennen, auf der albanischen Seite von, an jenem Morgen wenigstens, schwarzen Amerikanern. Grüßen in den beiden Sprachen, und freundliches, jedenfalls nirgends argwöhnisches Zurückgegrüßtwerden. Mir war, ich sei der erste Brückengänger am Tag, und die Soldaten sähen sich bei meinem Passieren in der Tat als Angehörige einer Schutztruppe. Der Ibar, nicht gar tief unten, rauschte, trotz des gelegentlichen Aufheulens der Kawasakis, Harley Davidsons etc., vernehmlich dahin, noch ein Gebirgsfluß, schnell und, abgesehen von den eher verwahrlosten Ufern, eher rein, wohl auch, weil in Kosovska Mitrovica und Umgebung lange schon jede Industrie lahmlag? Die Stacheldrahtrollen, beiseite geschoben hüben wie drüben dann, wirkten wie aus einer Vorzeit.

Im albanischen Teil angekommen, ging ich im Brückenrhythmus weiter, als hätte ich da zu tun. Nur nicht als Neugieriger oder sonstwer erscheinen. Breite Gehsteige, auch durch die hier fehlende Tausendkioskmeile, und also viel Platz zum Gehen. Überhaupt ließ der albanische Teil von Mitrovica nicht bloß mir und den, trotz des Vormittags inzwischen, eher spärlichen Fußgängern, sondern auch den Gebäuden, den Straßen und Plätzen ungleich mehr Raum als der zusammengedrängte serbische Norden. Wieviel Luft allein schon um die sichtlich neuerbaute monumentale Moschee, welche, mit ihrem Minarett, sowohl Hauptplatz als auch Hauptkreuzung markierte. In der Mitte der Stadt lag sie nicht einfach, vielmehr nahm sie diese Mitte klar ein, mit den paar anderen Moscheen und deren kleineren und schmaleren Minarettürmen im weiteren Umkreis als den Schildwachen um das eine Zentralzelt, schon das ein sofort augenfälliger Gegensatz zu der zwar ebenso überdimensionierten, aber außerhalb, jenseits der Ränder hügelwärts prangenden serbischen Kathedrale im Norden, und auch ohne solche Schildwachen oder Vasallen.

Die Cafés hier mit offenen Terrassen, auch das ein Unterschied zu denen im Norden, wo die Terrassen, bis auf einzelne Ausnahmen wie das »Dolce Vita«, mit Plastikplanen verkleidet waren, so daß das Geschehen dahinter von der Straße aus nur sehr vage und überdies verzerrt sichtbar wurde. Hier dagegen saßen die meist jungen Gäste, zahlreicher jedenfalls als wir Fußgänger, ganz offen im Freien, bei Kaffee oder Bier. Ein jedes der Cafés im Süden des Ibar, albanisch *Ibri*, hätte DOLCE VITA heißen können. Wenn einem der Sitzer da der doch wohl offensichtlich stadt- wie landfremde Passant auffiel, so ließ er das aber keinmal spüren. Oder war es eher so, daß er, der Passant, im voraus beschlossen hatte, niemandem aufzufallen? War so etwas denn möglich? An jenem friedlichen Morgen und Vormittag ja. Aus solcher den Norden wie den Süden umfassenden Friedlichkeit heraus ein einziges Wundern, daß das nicht auch schon in der Zeit vorher so hatte sein können, zusammen mit dem Gedanken, einem gewissen, im einzelnen dagegen ganz und gar ungewissen, daß das kein ganz leerer oder grundloser Wahn war: der Friede hatte seinen Grund – er lag in der Luft und ebenso klar auf der Hand – er hatte (eine) Zukunft, wenn es für diese auch im Norden und Süden zwei sehr verschieden klingende Wörter gab, *budućnost* und *ardhme*.

Ewige Täuschungen? Vorgaukelungen aus der Maimorgenluft, dem Blauen, der allmählich wärmenden Sonne, den darin aufblitzenden Demonstrationsflügen der Mauersegler hier wie dort? Wo hatten doch die sich wiederholenden, gehäuften geographischen Karten, die immergleichen, ausgehangen, an welchen Schaufenstern, an welchen Geschäften und Büros? Auf den ersten Blick nur eine geographische Karte, mit dem Titel aber, ja, ich erinnere mich recht: »Ethnic Albania«, und mit nach sämtlichen Himmelsrichtungen dick eingezeichneten Grenzen, welche weit, weit über jene der zwei albanischen Staaten von jetzt, des alten Albanien und des neualbanischen Kosovo oder -a hinausgingen, im Süden tief hinein nach Griechenland; im Osten ebenso nach Mazedonien, nach Serbien und, oder irre ich mich?, sogar nach Bulgarien; im Westen weit hinauf nach Montenegro, bis zur Bucht von Kotor; und im Norden hinein ins tiefste Serbien, neben den Sandžak in das orthodoxe Herzland der Raška, und andererseits über die Drina hinüber nach Bosnien. Zugleich schien solche Geographie für die Ortsansässigen etwas Selbstverständliches und Unschuldiges zu sein – wie hätte sonst der eine oder die andere von ihnen im Vorbeigehen den Betrachter der Karte mit einem freundlichen Blick bedacht?, wie wäre sonst ein Ladeninhaber zu ihm heraus ins Freie getreten, bereit, ihm die Grenzziehungen zu erklären?

In einem einschlägigen Geschäft dann der Kauf einer Karte, nicht der erwähnten, sondern von dem gerade seine Unabhängigkeit erklärt habenden neuen Staat Kosovo: »Harta e Kosovës – Map of Kosova«. Seit damals liegt diese Karte nun bei mir hier ausgebreitet auf dem Tisch. Versteht sich, daß die während des Pogroms gegen die restserbische

Bevölkerung vom 17.-19. März 2004 (»März-Unruhen« nennt sie der Bundestagsabgeordnete der Grünen in seinem Bericht) vernichteten orthodoxen Kulturdenkmäler nirgends eingezeichnet sind, auch nicht die im Beisein der deutschen KFOR-Truppen zerstörten bzw. stark beschädigten Kirchen und Klöster von Prizren im Südkosovo, die wohl an Bedeutung manch romanischen und gotischen Basiliken im westlichen Europa ebenbürtig gewesen sind, wie die Kirche der Heiligen Jungfrau von Ljeviška und das Kloster der Heiligen Erzengel drei Kilometer außerhalb von Prizren – für Ruinen mit nichts als verkohlten Balken und zerbrochenen Dachrinnen gibt es kein Zeichen in der Karten-Legende. Aber auch wo in der Legende, unterhalb des (fetten) Zeichens »**ǒ**« für »Xhami«, Moschee, die (mageren) »† und »‡« für »Kishë«, Kirche, und »Manastiri«, Kloster, stehen, sind auf der Karte selbst diese kaumwo auszumachen. Von den nach dem Pogrom mehr oder weniger unversehrt gebliebenen drei großen Klosterzentren der orthodoxen Region Kosovo und Metohija (kurz: Kosmet) ist einzig das von Dečani/Deçani eingezeichnet, einer der anmutigsten oder den Augen erfreulichsten der mittelalterlichen – gerade war ich versucht, zu schreiben: »abendländischen«, und gebe jetzt der Versuchung nach: abendländischen Sakralbauten; die nicht weniger graziösen, vielleicht sogar größeren Heiligtümer von Gračanica (bei Priština) und das Patriarchat von Peč (am Fuß der himmelhohen Berge vor Montenegro), beides Frauenklöster, sind auf der Karte beim besten Willen nicht ausfindig zu machen; bis heute suche ich das Zeichen ‡ und traue buchstäblich meinen eigenen Augen nicht, sooft ich an der Stelle, wo ich doch die gewaltigen »manastiri« weiß, ins Leere schaue: »Graçanica« ist verzeichnet, als ein Städtchen, mit einem deutlichen Piktogramm daneben, aber für eine »Minierë«, ein Bergwerk, und bei Peč/Reja, fast schon eine Großstadt? in der westlichen Umgebung, wo das Patriarchat geradezu um sein Lebenszeichen fleht: gar nichts – dafür im Plan, genau in der Stadtmitte, ein ŏ (unfett, bescheidener als in der Legende). Aber was sehe ich nun? Da steht es doch, das Kreuz für das Heiligtum von Peč! – wenn auch so kleinwinzig, und vor allem verdeckt von den Doppelpunkten in dem dickgedruckten Namen des daran vorbeifließenden Gebirgsbachs, »Gryka e Rugovës«, daß ich es mir nicht verüble, es bis zum Augenblick übersehen zu haben. Und was sehe ich nun weiter? Nicht nur, daß dieses Zeichen, anders als die Legende besagt, statt einen Klosterkomplex eine bloße einzelne »Kishë«, Kirche, andeutet: auch das immerhin deutliche Mal für den Komplex von Dečani, unweit südwärts, kommt in der Form eines † statt eines ‡ vor. Und was sehe ich weiter? Die Karte, aus einem Schulbuchverlag, »libri shkollor«, wurde gedruckt bereits im Jahre 2001, also etwa drei Jahre vor dem Märzpogrom von 2004. So werde ich auf ihr also noch das Erzengelkloster, das damals, auf seiner Flußterrasse, die ganze Gegend von Prizren beherrscht haben muß, irgendwie ausfindig machen, das ‡ oder † getarnt hinter oder in einem Großbuchstaben? Nein – nichts als ein ŏ. (Demnach bestand also das Erzengelkloster auf der Karte nicht mehr, schon lange bevor es tatsächlich zerstört wurde.) Und was fällt jetzt auf an Mitrovica, wo ich einst im Mai den ersten Blick auf die Karte warf? Der Fluß Ibar, der lumi Ibri, fließt da auch nicht annähernd mitten durch die Stadt, sondern scheint diese nur zu streifen, und nördlich des Flusses, wo die Zehntausende des anderen Volks angesiedelt sind, kann der Schüler sich gerade ein paar Hütten im Brachland denken, ohne Kirche (im Gegensatz zur ŏ im Süden, der auf der Karte allein das ganze Mitrovica darstellt). Dazu paßte, Tage später, der Stempel in der Post von Velika Hoča, mit genau dieser Aufschrift außen, »Post«, und nicht etwa serbisch »Pošta«, aber auch nicht »postë«, albanisch, auf der Ansichtskarte, die ich dort aufgab: Velika Hoča, es hieß auf dem Poststempel nicht mehr »Velika Hoča«, das Dorf, in dem allein Serben lebten und überlebten, und das auch die fremdländischen KFOR-, UMMIK-

und Sonstwie-Angehörigen »Velika Hoča« nannten, war da umbenannt und umgestempelt ins Albanische, hatte laut Stempel einen umgekrempelten, nagelneuen albanischen Namen, nicht einmal eine Zweisprachigkeit schien da in Frage zu kommen.

Und dann noch ein kleiner Kauf in Mitrovica-Süd, in einer Apotheke, *farmaci*, eine Schachtel von Vitamintabletten. Staunen, daß es sich, laut Aufdruck auf der Verpakkung, um ein serbisches Produkt handelte, »Galenika/Beograd« stand da als die Herstellerfirma, zudem in kyrillischen Buchstaben, ГАЛЕНИКА. Restbestände oder fortdauernde Lieferungen? Zurück über die Brücke endlich nach dem Mitrovica jenseits des Flusses, welches es auf der Karte gar nicht gab. Die Tausendbudenmeile dort inzwischen ein offener und anscheinend belebter Basar. Belebt? Was nach Kunden aussah, war wohl eher nur eine vielköpfige Passantenmenge, Müßiggänger, mehr Möchtegernkunden als Käufer. Von den Motorradsternfahrern keine Spur und auch kein Laut mehr, oder sammelten sie sich irgendwo zum Sturm? Allgegenwärtig dafür jetzt die Wahlplakate, am kommenden Sonntag sollte, zum wievielten Mal in den letzten paar Jahren, wieder einmal ein neues serbisches Parlament gewählt werden; das bißchen Farbigkeit auf den Plakaten, die eher etwas von größeren Reklamezetteln hatten, erschien schon seit dem Moment des Drucks ausgebleicht, so als stünden diese Wahlen da nicht erst bevor, und die Plakate seien Überreste aus den Wahlen vor 1, 2, 3 Jahren; am Verschwinden ebenso die Schrift mit den Namen der Kandidaten und den Parolen, »Serbien zuerst«, »Serbien nach Europa ...«

Weiterfahrt nach Süden, nicht durch das albanische Mitrovica, sondern, über eine kaum benutzte Nebenbrücke, auf zickzackenden Umgehungsstraßen, die immer wieder in Sackgassen zu enden schienen, in Hinterhöfen und Niemandsländern, wo es kein Durchkommen mehr geben konnte. Aber Ranko kannte die Geographie seines Kosovo, jedenfalls die der Seitenstraßen, Auswege und Schlüpfe, bis in die kleinsten Verästelungen, als seien diese zu Adern und Sehnen seines Körpers geworden. Es gab Passagen überall, dessen waren auch seine beiden Mitfahrer mit der Zeit sich von vornherein gewiß. In eine freilich nie vollständig unbesorgte Sicherheit gewiegt – die, auch angesichts des Belgrader Kennzeichens am Auto, eher in einem ziemlich labilen Gleichgewicht pendelte –, fuhren wir durch das weithin grünende Ländchen namens Kosovo, wo die Zeichen des neuen Staates, versteht sich, mindestens so gehäuft waren wie die Reklamen, die Hinweisschilder und die Kilometersteine (wenn es die letzteren überhaupt gab), fuhren am angeblich Tag und Nacht bewachten Gazimestan, dem von einer sanften Hügelkuppe hochragenden Gedenkturm für die Schlacht vom Kosovo Polje = Amselfeld im Jahre 1389, vorbei, vorbei an Priština/Prishtina, von wo eine Gebäudefront von weitem mit dem Riesenporträt des Staatsgeburtshelfers Bill Clinton hergrüßte, fuhren bergan und bergab durch die letzte größere Siedlung vor der Enklave von Velika Hoča, durch die Stadt Miloševo/ Malisheva, im Zentrum dort nur noch, wenn überhaupt, im Schritt, weil nicht nur die Gehsteige (so es die gab), sondern die Straße, wie sagte man, schwarz von meist jungen Menschen war, auch sie Müßiggänger, unterwegs zu einer riesigen, sich tief in die Steppe hineinziehenden Gebrauchtwagenschau, was die Menge, mit Augen allein für die vor die letzten Horizonte gestellten, wie sagte man, fahrbaren Untersätze, immerhin abhielt, das eine Auto unmittelbar vor ihnen, mit dem todfeindlichen oder gerade noch todfeindlich gewesenen Kennzeichen, wahrzunehmen (»MORTO i SERBI!« als große blutrote Schrift über dem Eingang der niedergebrannten Kirche der Hl. Kosmas und Damian im auch nicht mehr weiten Prizren.) Still war es während der stockenden, Schritt-für-Schritt-Fahrt durch die Albanerstadt bei uns drinnen im Auto, still; gerade daß man nicht die Fenster zukurbelte. Selbst von unserm Lotsen, der gerade noch seine kosovoserbischen Lieder in die freie Landschaft hatte schallen lassen, kam nur Halb- und jedenfalls nichts Vorlautes mehr. Vorlautes? Provokatives? – Was wir zwei Mitfahrer vorher, bei der Durchquerung einer anderen Siedlung, freilich dafür gehalten hatten – Rankos zum offenen Fenster Hinausrufen eines stockserbischen Grußes und einer ebensolchen und ebenso schallenden Frage nach dem Wohlergehen, gerichtet an eine einzelne, ältere Fußgängerin –, galt, das stellte er sofort klar, nicht etwa einer unbekannten Albanerin dort, sondern einer der paar in dem Ort Lapušnik noch lebenden Serbinnen. Und diese Grüße aus dem fahrenden Auto heraus hatten sich von Ort zu Ort sporadisch wiederholt. Dem Ranko schien jeder der noch inmitten der zwei Millionen Albaner gebliebenen oder übriggebliebenen Leute seines Volks geläufig zu sein – so viele waren da in Berg und Tal allerdings nicht mehr zu kennen, von Priština bis hinunter nach Prizren waren sie, abgesehen von den Serben in den Enklaven, wie sagte man, an einer Hand abzuzählen, oder an zwei, höchstens an drei.

Ankunft in Velika Hoča am Nachmittag desselben Tages. Was vorher war, oder geschah, ist hier festgehalten eher eins nach dem andern, gemäß der Kalenderchronologie. Die folgenden Tage in der Enklave, fast ständig an Ort und Stelle, verlangen, oder ermöglichen, eine andere Zeitrechnung. Und es ist jetzt, als würde diese andere Zeit – mehr Ordnung als Rechnung – verkörpert von den Kuckucksrufen. Gleich beim Aussteigen aus dem Auto, auf der friedlichen Schanze (Schanze für das Blickewerfen) des Dorfplatzes, von den Bäumen der Slawen, den Linden, *lipe*, gesäumt, in einer Maiensonne wie nur je einer, erklangen sie überall in dem weiten Umkreis rund um das Dorf; als ein Klang zu hören, weil, zumindest zu dieser Nachmittagszeit, aus dem Ort selber und seiner näheren Umgebung kaum Geräusche kamen – kein Traktor fuhr, geschweige denn ein anderes Auto, und falls irgendwo jemand bei der in Velika Hoča seit dem Krieg so selten und kostbar gewordenen Arbeit war, so ohne eine Maschine. All den Frühling hatte ich quer durch Europa hier und dort auf das Rufen eines Kuckucks gewartet. An manchen Vormittagen, wenn nach dem Morgennebel oder -dunst das Blau des Himmels einrückte und ein sanftes Wehen einsetzte, der Gedanke: »Ah, das wird heute der erste Kuckucksruftag!« Aber in den Wäldern dann, gleichwelchen, gleichwo: nada. So stark war freilich im voraus die Erwartung, ja, die Gewißheit gewesen, daß ich in der Stille den Ruf halluzinierte, oder ein Turteltaubentuten mit ihm verwechselte. In Velika Hoča dagegen vom ersten Augenblick an ein regelrechtes Kuckuckswelttreffen oder -konzil, vielleicht nicht gerade der Liebe wegen, aber spürbar auch nicht zum Streit. Und es setzte sich während all der Tage dort fort, jeweils bis in die Abende hinein, und in jenem anderen Zeitsinn sind die Kuckucksrufe selbst in den Nächten erschollen. Auch die rings auf den Hügeln weiß-in-weiß blühenden Akazien, die (wenigen) Weizenfelder und die (seit dem Krieg) weniger werdenden Weingärten standen für jene anders herrschende Zeitenfolge, die statt aus dem vorigen »Und dann – und dann«, aus einem »Jetzt – und jetzt – und jetzt« bestand, wobei das nach der üblichen Zeitrechnung spätere Jetzt das frühere sein konnte, und umgekehrt: das Vordringliche und den Grundton Angebende blieben indes die Kuckucksrufe.

Ranko fuhr noch am Ankunftstag den langen Weg nach Belgrad zurück. Er bestand darauf, uns in der kommenden Woche wieder in Velika Hoča abzuholen, entgegen meiner Absicht, den Bus zu nehmen, wenigstens bis Kosovska Mitrovica. Der Bus, so er, verkehre nur noch zweimal in der Woche, und es sei nötig, für die Fahrt schon lange im voraus die Plätze zu reservieren. Die beiden Busse, zu deren Abreise ich mich in der Folge einfand, jeweils schon lange vor dem Start am Morgen, als bloßer Zuschauer von außen – der eine Bus für Mitrovica, der andere für das erwähnte religiöse Zentrum Gračanica –, waren in der Tat bis auf den letzten Platz besetzt, und jedesmal mußten ein paar der Dorfleute wieder nach Hause gehen; dabei hatten auch sie, wie die Glücklichen, die einsteigen durften, in der Hoffnung, sie könnten vielleicht doch mitkommen, ihre Siebensachen dabei, in der Stadt zu reparierende Geräte, Sachen für ihre studierenden Kinder dort (oder was auch immer), die sie stumm, ohne Mucks, mit einem unheimlichen Lächeln (der Geduld?) zurückschleppten.

Die frühere Zeitenfolge trat allerdings noch einmal in Kraft, für etwa eine Stunde, an dem Tag, da ich, geführt vom Popen Milenko, bei der ersten der vorgesehenen Familien, den Notizblock auf den Knien, den Schreibstift in der Hand, zu fragen anfing. Der Hausvater war ein noch junger Mann, der in einer kleinen Werkstätte aus Holz Miniaturfassaden von Kirchlein zurechtsägte, die er dann, Teil um Teil, nach dem Vorbild der Schiffchen in einer Flasche, eben in Flaschen plazierte, welche, anders als die Schiffchen, dort in den

Glasbäuchen nicht allein blieben, sondern, Turm um Turm, Kreuz um Kreuz, von dem einheimischen Velika Hoča-Rakija umspült waren, dem Schnaps *od loze*, vom Traubentreber, einer Art Grappa. Vom Verkauf solcher Flaschen – und er war bei weitem nicht der einzige Hersteller im Dorf – lebte er angeblich. Die Abnehmer? Die KFOR-Soldaten, vor allem die aus Deutschland und mehr noch aus Österreich, und wirklich hing die Werkstatt voll mit, übrigens wie die aktuellen Wahlplakate blaustichigen und vergilbten, Photos, auf denen jeweils zwei oder mehr Mitteleuropäer die immergleichen Flaschen in die Kamera hielten, den anderen Arm um die Schultern des Herstellers gelegt. Das Holz für die Kreuze in den Rakija-Flaschen stammte im übrigen von den weißen Akazien, die zum Aroma beitrugen und die ihren aus den Jahrhunderten der Türkenherrschaft schönen morgenländischen Namen beibehalten hatten, *bagrem*.

Jene erste, vorgeplante Fragestunde fand statt im Hof des kleinen ebenerdigen Anwesens, unter einem Nußbaum, im Abstand zum Hoftor, auf einem Sofa, obenauf Decken mit DB, dem Kürzel für die Deutsche Bundesbahn. Die Fragen, wie anders, galten dem täglichen Leben – wie war das Auskommen? – und dem Stand der Dinge – wie wirkte sich der fremde neue Staat aus auf das Dasein in der Enklave? An ein Auskommen, zumindest was die erste Befragte, die noch nicht alte Großmutter, betraf, war mit den siebzig Euro, der Pension von dem in Österreich beschäftigt gewesenen und dort früh und jäh gestorbenen Ehemann, nicht zu denken, die Frau war zuckerkrank, und die erwähnte Summe ging auf allein für das monatlich benötigte Insulin-Medikament, namens »Siofor«. (Warum der Befrager dieses Siofor ausdrücklich mitnotiert hat? Um eine Autorität vorzuschützen? Oder aus Verlegenheit über sein Rollenspiel?) Und die nächste Frage – die dann auch schon so ziemlich die letzte war, bei der er seinen Notizblock in der

Hand hatte, danach steckte er den, für die ganze Folgezeit, weg und holte ihn nur noch aus der Tasche für Nebensächliches, örtliche Sprichwörter, ortsspezifische Bezeichnungen: Hat sich etwas geändert für die Serben von Velika Hoča, seit sie, dem Anschein nach nun endgültig, unter dem albanischen Doppeladler leben? Die Antwort, von seiten des Hofinhabers, bestätigt durch ein leichtes Nicken der andern im Nußbaumschattenkreis, seiner Frau, der Schwägerin, der Mutter: »Es ist ruhig«, und das kam weder ironisch noch bitter – wie auch in der Zeit danach kein Moment einer Bitternis spürbar wurde, wohl aber langandauernde Momente des Zorns und des Nichtbegreifens (für welches eine gewisse Sprache vielleicht »Unbelehrbarkeit« eingesetzt hätte). War es während der Fragesitzung oder danach, daß eine Antwort so lautete: »Wir sind immer noch im Krieg« (*još smo u ratu*), »der Krieg hat sich nicht verkrochen«? In der Rückbesinnung – ein anderes Wort für Erinnerung – folgen diese Sätze jedenfalls unmittelbar auf das »Es ist ruhig«. Und eines wurde unterm Nußbaum dann doch noch notiert, auf die Frage, ob der ältere der beiden Söhne des Hofpaares denn die Schule der Enklave gern habe, die Antwort der Mutter: »*Kako da ne voli.* Wie sollte er sie nicht gern haben. Und ich habe auch Angst, ihn wegzulassen. Wenn er ein anderes Brot, *drugi hleb*, probiert, kommt er nie mehr zurück. Und es ist eine gute Schule, Đjordje lernt Englisch und Russisch dort. Das Reisen? Pah, das Reisen ist eine *kurva*, eine Hure. Wir bleiben eine Familie, so lang es geht.«

In einer weiteren Rückbesinnung an jene Stunde wird der jüngere Sohn des Hauses geschickt, für die Gäste Wein zu holen. Was heißt »geschickt«, da es sich doch um den hauseigenen Wein handelte, gekeltert aus dem hofeigenen Weinberg? »Geschickt« wurde das Kind zu dem Faß, das sich mitten im Hof befand, in einem Erdkeller, Zugang vom Brunnen, an dem eine Platte weggehoben wurde, worauf der Junge von seiner

Mutter an den Armen in das Loch, so tief, daß er ganz darin verschwand, gelassen und mitsamt der abgefüllten Flasche dann wieder ans Tageslicht gezogen wurde. Und weiter: der Lotse, der Pope, der Vater Milenko, dem im Schatten des Nußbaums auf der deutschen Sitzunterlage bald die Augen zugefallen waren. Wegen der Fragerei? »Jedesmal schläft der Pope uns ein unterm Nußbaum«, sagten die drei Frauen fast unisono, und dann die Hausfrau: »Bald werde ich von ihm Eintritt verlangen«, und dann die Witwe des Gastarbeiters: »Solchen Schatten gibt es bei euch in Österreich nicht.« Und weiter unter all den sich bemerkbar machenden Haustieren, den Katzen und Hühnern, das eine fehlende, überall dann im Dorf fehlende: nirgends ein Schwein, nirgends ein Ferkel – diese Tiere konnte sich angeblich niemand dort mehr leisten. Dabei waren die Schweine zuvor, so oder anders, doch die emblematischen Tiere der Serben im Kosovo gewesen, siehe das an einer Eisenstange erhängte Schwein im Hof eines zerstörten

Bauernhauses dort während des Märzpogroms, oder der Unruhen 2004. Auf der Abbildung jetzt vor mir scheint das erhängte Tier, mit seinem aufgetriebenen, bläulichen Bauch, schon länger tot, aber den Kopf reckt es so senkrecht himmelwärts, mit wie gespitztem Ohr und einem ebensolchen, überdies schwarz angelaufenem Rüssel, als sei die Hinrichtung gerade erst geschehen. Im Hintergrund weitere zerstörte Häuser. Von den Henkern keine Spur, bis vielleicht auf den mehrfach um die Stange geschlungenen Strick, der fast zu dünn wirkt für das große, spürbar schwere Schwein.

Es kam noch zu vielen Gesprächen mit den Dörflern/Enklavlern. Doch mit dem regelrechten, systematischen Fragen war es vorbei. Die Leute von Velika Hoča schienen sich mit dem Reden, und mehr noch mit dem Erzählen leichter zu tun, wenn ihnen keine Richtung vorgegeben wurde. Zwar gerieten sie so öfters in einen Sprachschwall, bei dem ich schnell kaum mehr mitkam, aber Zlatko, als der Dritte, war inzwischen ein bewährter Übersetzer.

Gleichviel ging ich in der Folgezeit auch allein, frei nach dem Motto: »Einmal war ich bei diesen, einmal bei jenen.« An einem Morgen – im Umkreis die Kuckucksrufe – machte ich mich so auf den Weg zu dem ehemaligen Nachbardorf, das einige Kilometer weiter unten lag, am Fuß des Bergausläufers, dessen Mitte, in einer Bachsenke und deren sanften Hängen, Velika Hoča einnahm. Warum »ehemaliges Nachbardorf«? Das Dorf war, wie Velika Hoča rein serbisch, rein albanisch, und seit dem Krieg bestand nicht die kleinste Verbindung mehr zwischen den beiden Orten, auch nicht zwischen den zwei Geistlichen, dem Popen oben und dem Imam unten, die vorher, wenn vielleicht nicht gerade herzlich, so doch sachlich und offen miteinander verkehrt hatten (angeblich). Einige Ländereien im Zwischenbereich, die den Bauern von Velika Hoča gehörten, Weinberge, Weiden, Äcker, würden seit dem Krieg bearbeitet von der albanischen Seite, quasi als ein dieser zugefallenes Eigentum; das meiste Bauernland, auch und vor allem das rechtens albanische, läge seitdem freilich brach. Und dazu in den Gesprächen regelmäßig der letzte Satz: »Bis zu meinem Tod werde ich keinen Fuß mehr dorthin« – selbst der Name des feindlich gewordenen Dorfes wurde gemieden – »setzen.«

Auf dem Weg hinunter, zur Enklave hinaus, die Begegnung mit einem zahnlosen, schlottrigen älteren Mann, der, als er in mir den Orts- und Landfremden erkannte, anhielt und unverzüglich mit einer Standpauke anhob. Was ich hier herumzuspazieren hätte? Weg!, und denen in meinem Ausland Bericht geben, in welchem Elend sie hier vegetierten, in dem ehemals reichen Ort Bettler um Mehl, Salz, Zucker und Öl! Sogar um Brennholz, von dem die Wälder rundherum voll sind! Zum Teufel mit euch Ausländern, die Maus soll euch ficken! Und er schoß dazu Blicke los, die besagten, daß er mich ebenso verachtete wie die, welche ihn und die übrigen da in eine solche Lage gebracht hatten, ja, daß ich der gleiche Lump wie alle die Europäer war, indem ich so für nichts und wieder nichts vor ihm aufkreuzte, einfach so, blind und taubstumm, meiner Wege ging und dann wieder ganz woanders das Weite suchte, und in diesen Momenten begriff ich auch (ein wenig), warum vor einem Jahr auf das Angebot zu einem »Dorfschreiber« in der Enklave, gut bezahlt, nicht länger als einen Monat, kein einziger Schriftsteller, selbst kein »angehender«, so oder so bedürftiger, sich gemeldet hatte: das war wohl auch aus einem Instinkt gekommen, der solche Begegnungen zuhauf vorausahnte.

Unten beim Dorfende am Fußballplatz vorbei, der allerdings seit längerem nicht mehr bespielt zu werden schien; auch im Strafraum hohes Gras, an dem dort angepflockte Kühe rupften. Andererseits hatte in derselben Zeit der Dorfjunge Aleksandar mir erzählt, daß es in Velika Hoča sehr wohl eine Fußballmannschaft gebe, und die spiele in der serbokosovarischen Liga, der einzigen, die vor allem aus den Enklavenvereinen Babin Most, Gračanica, Brezovica, Štrpce, usw. bestehe; aber auch Mannschaften aus dem Nordkosovo, mit der mehrheitlich serbischen Bevölkerung, zum Beispiel aus Leposavić. Brezovica sei Erster, Velika Hoča sei in der Mitte der Tabelle und nenne sich »Radnički«, die Bergleute, und der beste Spieler? »Nenad Staršić!« Dazu zwei versäumte Fragen meinerseits, mir erst im nachhinein, oder gerade jetzt, im Aufzeichnen, in den Sinn gekommen: Wie bewegen sich die Spieler durch das feindliche oder als feindlich eingebildete Gebiet von einem Enklavenspielort zum andern, da sie doch über fast keine Fahrzeuge verfügen und schon gar nicht über größere? Und: Wie schaffen sie es, bei den weniger und weniger werdenden Bewohnern, vor allem den mehr und mehr aus dem Bild verschwindenden Jungen, jeweils eine Elf zusammenzubringen, gegebenenfalls mit ein, zwei Ersatzleuten – zumal mir in Velika Hoča und der Nachbarenklave, der von Orahovac-Oberstadt, »Upper Orahovac« in der UNMIK-Sprache (in der Unterstadt die zehntausend und mehr Albaner), während der ganzen Woche kaum jüngere Männer vor die Augen geraten sind, und wenn einmal ein junger, dann aber die Unmöglichkeit, an und in ihm etwas Junges zu entdecken? (Etwas wie Jugend höchstens bei dem und jenem Bejahrten.)

Ungewiß, wo auf dem Weiterweg zwischen den zwei wenn auch nicht mehr deutlich verfeindeten, so doch einander wie endgültig aus dem Sinn geratenen Dörfern, nach dem Sportplatz mit den im Strafraum grasrupfenden Kühen, und nach dem letzten Haus, und dann noch einem letzten Haus, wie bewohnt und beim Hinsehen unbewohnt, und dann noch einem, deutlich verfallenen – ungewiß, wo danach mitten im Land, mitten im da so besonders weiträumig erscheinenden Kosovo das Niemandsland begann. Jedenfalls war es nicht von einem Schritt zum andern, daß der einmal als Fahr- und Verbindungsweg angelegte Weg keinerlei Fahrspuren mehr zeigte. Keinerlei? Es gab auch nach der unsicheren Schwelle noch welche, aber die stammten klar aus einer Vorzeit und ließen an jene südamerikanische Wüste denken, die Atacama in Chile, glaube ich, wo sich im Sand dort vor Jahrtausenden eingedrückte Fußstapfen erhalten haben: nicht bloß kein Regen ist gefallen, sie wegzuwaschen, sondern auch kein einziger Windhauch durch all die Jahrhunderte, sie wegzuwehen. Obwohl, wo ich da ging, es seit dem Ende des Krieges gewiß dann und wann geregnet hatte (nicht viel, eins der Probleme von Velika Hoča, für den Weinbau und vor allem die tägliche Versorgung, ist eine große Wasserknappheit), sprangen in dem jetzigen Niemandsland mittendrin, an wenigen kleinen Stellen, Reifenabdrücke in die Augen, ob nun aus der Epoche, da der Weg Teil des Kriegsgeländes gewesen war, oder aus der noch »halbwegs« friedlichen Periode zwischen serbischer und albanischer Siedlung zuvor. Wie als Versteinerungen begegneten mir im Dahinwandern diese Fragmente; Versteinerungen, begünstigt durch die offenbar schon fast langjährige Unbenutztheit der Strecke, im Verein auch mit den darüber zu einem dichten Dach zusammengewachsenen Wegrandbüschen.

»Dahinwandern«, das war schon bald nicht mehr das Zeitwort für den sich in dem ungewissen Niemandsland Fortbewegenden. Es handelte sich eher um ein Eindringen, Schritt für Schritt. Dabei ging der Weg in fast luftigen Höhen, über einem sanft nach Ost und West und vor allem nach Süden, auf das Albanerdorf zu, ausschwingenden Bachtal. Ein Eindringling war man dort, und dabei herrschte in dem Zwischengebiet eine nicht bloß episodische oder jüngstentstandene Menschenleere. Die erst noch üppigen, starkgrünen Wiesen im Bachtal erschienen immer schütterer und gingen allmählich über in nacktes graues Brachland, so wie auch die Weingärten an den Hängen brachlagen, mitsamt den fern der verrotteten Stöcke sich durch die verkrautete Brache bodenwärts schlängelnden Reben. Vom Bach, der oben, nordwärts in Velika Hoča, als einzigen Namen *Potočnica*, weiblich, das *Bächlein*, hatte, kein Gluckern mehr zu hören. Überhaupt herrschte im Umkreis des Wegs, bis auf das Eindringlingsgeräusch der Schritte, eine beinah vollständige Lautlosigkeit, wie man sich einen Hörsturz vorstellte, der sich erst im Lauf der Zeit bemerkbar machte. Um so heftiger der Krach von dem einen in einem Strauch die Flügel regenden Kleinstvogel und dem dabei von seinem Nachbarzweig sich lösenden Zweiglein. Stetige Laute, ein immerwährendes allerseits wegbegleitendes Zurufen, einzig von den Kuckucken, den serbischen *kukavice*, den albanischen *qyqe*, aus den mehr und mehr zurückweichenden Waldhorizonten. Laute der Heimlichkeit, ob nah oder fern, welche in einer Normalzeit wie vielleicht wenig sonst für die Entgrenzung und die »freie Genüge« sorgten: hierdort in der Zwischenzone wurden sie allesamt, selbst das leiseste Windsausen und eben noch die Kuckucksrufe, zu Unheimlichkeitslauten und schnürten dem Eindringling zumindest schrittweise die Brust oder den sonst nur durch das Hören ermöglichten Resonanzraum zu.

War das die Angst, einem Einheimischen über den Weg zu laufen? Denen »von der Gegenseite« in die Quere zu kommen? Nein. Fast ein Wunsch, endlich einem der albanischen Dörfler zu begegnen. Man hätte ihm in seiner Sprache einen guten Tag gewünscht, »Mirëdita!«, und wäre dann gleich aufs Englische übergegangen. (Daß einem freilich bloß kein serbisches Wort unterliefe …) Würde er, oder würden sie (warum erwartete ich sie jedesmal in der Mehrzahl?) auch nichts verstehen: das Englische ginge durch als eine Art Losung. Ich gäbe mich als »Journalist« aus, was sofort seine Wirkung täte – ich hatte das schon einige Male erfahren in der fremdesten Wildnis, das Notizbuch und der Stift genügten (ihnen aber nur nicht mit der Tatsache »Schriftsteller«, »writer«, »shkrimtar«, oder gar »Dichter«,

»poet« kommen – das hieße im Handumdrehn Mißtrauen, oder bestenfalls Verständnislosigkeit, auch das eine reiche Erfahrung). Sie würden den Journalisten entweder gewähren lassen oder ihn sogar zu sich in Haus und Hof einladen, ihn hineinbitten durch das Tor in der wie üblich sehr hohen und für Anderweitige quasi unzugänglichen Umgürtungsmauer eins der albanischen Anwesen. Vielleicht bekäme er gar eine der Süßigkeiten vorgesetzt, für welche die albanischen Zuckerbäcker einmal über die Grenzen Jugoslawiens hinaus bekannt gewesen waren? Und er erführe zuletzt, daß seine Gastgeber, sprichwörtlich gastfreundlich auch sie wie eben Balkanleute, bereit waren, das befeindete Volk des benachbarten Enklavendorfs gelten zu lassen, im Rahmen des Beieinander in einem großen Europa, wo die einzelnen Staatsgrenzen, anders als jetzt noch, und vor allem die hierzulande, nicht mehr zählten?

Aber niemand ließ sich auf dem Weg und in der Umgebung blicken. Auch zu hören war von den Dorfbewohnern nichts, weder ein Traktorengeräusch noch eine Muezzinstimme, und käme die auch bloß vom Band. Dabei waren Minarett und vergoldete (?) Kuppel der Moschee, eine Zeitlang auf dem überwachsenen Weg den Blicken entzogen, längst wieder in Sichtweite, so nah inzwischen beim Draufzugehen jetzt im Freien, daß der Wanderer von dort aus nicht unbemerkt bleiben konnte, und noch weniger unbemerkt von den ersten Gehöften aus, den so stattlichen, dem Zuhause für eine ganze Sippe. Weder da noch dort ein Lebenszeichen, selbst als ich schon auf dem zur Straße erweiterten Weg an den mehr als haushohen Hofmauern vorbeiging. Kein Hund bellte los. Kein Hahn krähte. Kein irgendwo angebundenes Pferd oder Maultier. (Ein Schweinegrunzen kam ja von vorneherein nicht in Frage.) Kein Rauch auch – die verkohlten Rebstöcke, das mußte schon vor langem gewesen sein. Und auch kein Kleiderrascheln, kein Flüstern, und auch sonst kein Laut hinter den wie unzugänglichen, wie verbotenen Hoftoren, Dorfkinder, wo seid ihr, was tut ihr? Zuletzt dann doch ein Gesicht, das einer alten Frau mit Kopftuch, in einer offenen Fensterluke, der in der Erinnerung einzigen, die zur Straße hinausging: mit aufgerissenen Augen schaute die Greisin auf den Fremden, ohne einen Mucks, wie erstarrt, und wenn da jemand Angst hatte, so war das sie, die Ortsansässige, angesichts des Wildfremden auf der sonst leeren Straße. Nein, es war etwas anderes als Angst, es war lautloses Grauen, welches schon seit einer gleichsam unvordenklichen Zeit in der Frau wirkte und bei meinem Anblick ihr akut in die Augen trat. Nichts wie stehenden Fußes umkehren, allein schon um die Entsetzte zu beschwichtigen; sich unsichtbar machen. Und im nachhinein jetzt die Vorstellung, der Gang zu dem Dorf außerhalb der Enklave sei nichts als ein Traum gewesen, mitsamt der Moscheenkuppel, die von Anfang bis Ende des Wegs, obwohl der doch gar nicht abschüssig war, »tief unten« lag, selbst als ich beinah vor ihr stand, samt der stummpanischen alten Albanerin. Und war es dann auch ein Traum, daß eines Nachts, kurz vor dem Morgenwerden, sich in meinem Schlafquartier von Velika Hoča deutlich die Stimme des Muezzin hören ließ, nah und zugleich »tief unten«? Nein. Und wiederum nein: Kein Traum war es auch, als auf dem Rückweg dann, vom albanischen Dorf zur serbischen Enklave, wieder in der Niemandslandzone, die Schlaglöcher der ehemaligen Fahrbahn zwischen den zwei Siedlungen, und ebenso die kleinsten Unebenheiten planiert und geradezu tapeziert erschienen von den da eingedrückten und gewalzten Kleidungsstükken, auch Turnschuhen und Sandalen, und vereinzelten Taschen- und (oder täuscht jetzt die Erinnerung?) Kofferresten. In Schichten übereinander, eingebacken in die ausgetrocknete Erde, lagen fast die ganze Strecke lang, und besonders in der auf einmal doch stark zu ahnenden Mitte, oder eben Grenze, diese Sächelchen, und nichts paarweise, jedes Ding einzeln, ein Schuh, eine Socke, ein Glas von einer Sonnenbrille, dazu ein Bügel. Im Grund nichts Unübliches auf ausgedienten Wegen, aber mit den Augen der greisen Albanerin gesehen – ihr Starren, das kein Gruß hatte aufmuntern können, wirkte weglang nach –, wurden diese doch längst ausgebleichten Flickstellen eingefärbt von einer unbestimmten Bedeutung. Und ebenso waren die Rufe der Kuckucke, jetzt allerseits näher rückend aus der wegnahen Wildnis in der Mitte zwischen den Dörfern, zu hören als Signale. Waren das wirklich *qyqe*, die kreuz und quer durch das Laubdach über dem Weg kuckuckten? Der Magnetismus verschwand dann vor einer vorzeiten in den Lehm gebakkenen und wie unzerstörbaren Reifenspur, mit der Vorstellung, da sei vor etwa zwanzig Jahren der Pope zu seinem Amtsantritt hinauf nach Velika Hoča gefahren (diese Strecke habe er damals genommen, erzählte er, nach der Durchquerung, wie anders, »natürlich«, des albanischen Dorfes zuvor). Und dazu am folgenden Sonntag, nein, an einem der Tage vorher, einem orthodoxen Feiertag, das Glockenläuten in der Enklave und simultan, nein, das war keine Halluzination, im albanischen Unterdorf, so fern wie klar, das Muezzin-Schallen, zum Elf-Uhr-Gebet, während sämtliche der streunenden kleinen Straßenköter von Velika Hoča, im Einklang zum Läuten und/oder Gebetsrufen, Glockenschlag für Glockenschlag und/oder Suren-Silbe für Suren-Silbe, ein Gebell losließen, welches, ein wie skandierendes und synkopierendes, einmal kürzeres, einmal längeres, hochgezogenes und so geradezu melodisches Aufheulen, so oder so ein eindeutiges Respondieren war, oder jedenfalls sein sollte.

Zur gleichen Zeit, innerhalb der Woche im Umkreis der Enklave von Velika Hoča, setzten sich die Besuche von Haus zu Haus weiter fort. Die vom Popen Vater Milenko eingefädelten nahmen allerdings schon Tage vor dem Abschied ein Ende: die von ihm zum Befragen Bestimmten, so schien es zumindest, waren entweder die Honoratioren des Ortes – sämtlich ehemalige, inzwischen waren sie längst ohne Amt, ohne Funktion, ohne Beruf – oder/und treue Gläubige, Meßgänger, Kirchendiener: und weder von den einen noch von den anderen schienen in der Gegend so viele übrig, daß es für länger als eine halbe Woche des »Interviewens« genügt hätte. Aber aus dem Zusammensitzen mit den Offiziösen ergaben sich doch Anknüpfungen zu anderen, unvorhergesehenen, etwa zu dem halbverelendeten Sohn des einstigen *predsednik*, Ortsvorstands oder »Dorfschulzen«; mit, sagen wir, unseres Quartiergebers altem Vater, der taglang mit dem und jenem Mit-Alten beim Trinken und Hähnchenbraten in einer Art fensterlosem Container hockte, der bei ihnen »Rambouillet« hieß (davon später noch), zu, sagen wir, dem Bruder des früheren Fabrikdirektors, einem ausgedienten, und doch nicht ausgedienten Schuster (auch davon später noch), zu Rada, der Frau des Popen, die in einem fort kochte und auftischte, und nicht nur mir und »meinem Übersetzer«, sondern auch denen, deren Staat ihnen das Land wegbombardiert hatte, eine Frau, wie man sich nie eine Popenfrau vorgestellt hatte (auch davon später). Auffällig dabei, wie selbst in dieser Gemeinschaft der fast Mittellosen und wenigstens, bis auf den Popen, durchgehend Arbeitslosen die Standesunterschiede herrschten, vielleicht noch weit stärker als in den Jahrzehnten der stolzen alljugoslawischen Blütezeit, und genauso stark, oder sogar am stärksten, zwischen den Verwandten, insbesondere den nahen, Onkel und Neffen, Vater und Sohn – hier der nierengeschädigte Vater als das klemmende Rad am (fehlenden) Wagen, dort der Paria-Sohn, ausgeschlossen vom bescheidensten Fest, reich nur an Zahnlücken, reicher als selbst sein verarmter alter Vater, abseits sitzend sogar im Hof des eigenen Hauses, das, seltsam in einem Dorf, bloß gemietet war.

Und doch, und dann wieder: derselbe Paria als Führer in die unmittelbare Umgebung und dort sich entpuppend als Herr eines sorgsam von ihm allein kultivierten Weinbergs. Einen Vormittag lang ging er uns so voraus. Und nicht nur die Kuckucke lauteten da allerwärts rund um Velika Hoča: auch die Eichelhäher, bloß zum Beispiel, ließen in der Sonne ihre von Mal zu Mal so verschiedenen Tonarten hören. Vekoslav, das ist: der Ewig-Slawe? oder der Ewig-Gerühmte?, wußte von seinen Vorfahren: der Eichelhäher, die serbische *sojka*, hat »neun Stimmen«; eine davon, zum Beispiel, war die »eines Kindes, das weint«, eine andere »das Quäken eines Erwachsenen«. Die wilden Zwiebeln, die in den Wiesen rund um den Weingarten aufschossen, hießen übersetzt »Schlangenkraut«, und als ich tags darauf den Ort allein aufsuchte, sah ich da tatsächlich eine Schwanzspitze wegzucken, und beim nächsten Stengel, ein paar Schritte weiter, noch eine Spitze. Warum ich ein zweites Mal hinging? Vekoslav hatte uns zu der abgelegensten und geheimsten der angeblich dreizehn Kirchen, Kirchlein und Kapellen der Gemarke Velika Hoča geführt, derentwegen der Ort »das serbische Athos« hieß – in Wirklichkeit ein Miniatur-Athos, ein zudem bruchstückhaftes freilich, die meisten der dreizehn Heiligtümer kleiner als die Häuser, und einige wie versteckt und kaum auffindbar. Und die Stätte des *Sveti Arhandel*, des Heiligen Erzengels, hätte kein Fremder, auch nicht anhand einer Detailkarte, allein entdeckt: sie lag hinter wilden Sträuchern im Wiesenhang, weder Weg noch Steg führten durch das Schlangenkraut dorthin, und sie bestand aus einem einzigen, von hohem Gras umwachsenen Bruchstück, dem von Steinen, etwa in Halbkreisform, bezeichneten Grundriß wohl der ehemaligen Apsis, eines winzigen Raumbogens, der sich hinten an das entsprechend winzige, sich längst in Luft und Grasland aufgelöste Kapellchen angeschlossen haben mochte. Aber da war es, das kleine, zwischen dem Buschwerk ausgesparte Halbrund aus gerade bodenbedeckenden Steinen, immerhin mit einer Art Schwelle davor, und im »Zenit« des Bogens ließen die Steine Platz für eine Nische, darin eine angebrannte Kerze, sowie Opfergeld (kleines). Und ein zweites Mal, und allein, war ich zum Heiligen Erzengel gegangen, weil ich den Ort auf mich einwirken lassen wollte, was mir am Vortag, in Gesellschaft, nicht recht gelungen war. Und mir schien, als gehöre es sich, diesem Bruchstück eines Bruchstücks von einem Ort ein Augenmerk zu schenken.

Auf seinen sorgsam bestellten Weinberg war Vekoslav still stolz, und mit Zlatko, dem Besitzer eines anderen Weinbergs weit weg in Serbien, geriet er in ein längeres Fachgespräch über die Rebsorten, wobei er extra stolz war auf die »Hamburg-Rebe«, welche die besten Speisetrauben hervorbringe. Und er zeigte mir dann auch, wie die obersten Spitzen der Rebsprossen, die noch maijungen, sich schälen ließen und ein zartes helles Fleisch zeigten, das eßbar war, und schmeckte, und wie! (So wie vorher im Hohlweg hinauf zu seinem Weinberg die beiden Serben die weißen Blüten der Manna-Eschen dort aussaugten, eine andere ländliche Delikatesse.) Und hinter den sieben und mehr Weinbergen – sie alle von dem und jenem einsam harkenden, doch nirgends einsam wirkenden

Dörfler sozusagen in Bereitschaft gehalten – am Waldrand der Streifen hohen und dichten Grases, wo wir nach Morcheln suchten und Vekoslav mit einem Ausruf dann etwas Dunkles, Halbkugelförmiges, Riesenhaftes zutage förderte, nein, keine Morchel, dazu war es zu trocken und auch schon zu spät im Jahr, »zu hoch schon das Gras« (V.), vielmehr eine der zahlreichen Schildkröten, *kornjače,* die das Umland von Velika Hoča bevölkerten wie sonst nur die Kuckucke. Aber war das, tief unten im Gras, nicht auch eine Schlangengegend? Der das, bei der heißen Sonne auf dem Hang, befürchtete, und nicht nur im stillen, nein, zugegeben, ausdrücklich (ich), spürte einige Schritte weiter im überhüfthohen Gras plötzlich etwas, das ihm von hinten zwischen die Beine schoß, lang und knüppelig. Aufschrei und Luftsprung, und fast zugleich im Rücken das homerische Gelächter der beiden Serben: Vekoslav hatte dem Fremden einen abgefallenen Ast als »*snija!*« (Schlange), so schrie er dazu, in den Schritt gestoßen, und noch auf dem ganzen

Weg zurück in die Enklave gab es wieder und wieder eine Lachsalve über des Genasführten Gickser und Luftsprung.

Je näher der Dorfmitte dann aber, desto auffälliger die Rückverwandlung des freien, selbstbewußten und spielfreudigen Weinberginhabers in einen Geduckten, einen Mittel- und Zukunftslosen. Zu Besuch mit uns zwei anderen beim Onkel, dem Vaterbruder, zog Vekoslav sich gleich zurück in den Hintergrund, wie ein Unberührbarer, und verschwand lange in der mit Gerümpel verbarrikadierten Ruine im Hof, dem einstigen, von außen weiterhin ansehnlichen Wohnhaus des Großvaters. Bezeichnend schon sein Betreten des Hofs: gebückt war der gerade noch Hochaufgerichtete, schallend Lachende und in allen Belangen Sachverständige durch das Tor getreten, so als handele es sich bei diesem um den *kapdžije*, den niedrigen Nebeneingang aus der Zeit der Türkenherrschaft im Kosovo, den Eingang für die Bediensteten, Knechte und Zuträger, den »Bücklingseingang«. Und es war auch klar, daß ohne uns andere, allein, ein Besuch bei dem Vaterbruder für ihn tabu gewesen wäre. Zu dessen Grundstück hatte er als Einzelperson seit langem, seit wann bloß? seit dem Ende des NATO-Kriegs im Juni 1999? seit seiner Rückkehr von der Vukovar-Front (er hatte dort, so seine Worte, Anfang der neunziger Jahre, als sehr Junger, »gekämpft«)? keinen rechten Zutritt mehr.

Dabei war der Onkel selber kein rechter Ortszugehöriger. Er hatte jahrzehntelang in Österreich gearbeitet, als angelernter Schuster in einer Vorarlberger Schuhfabrik, und immer noch war er voll des Lobs über diesen besonderen Westen und seinen Arbeitgeber (der ihn zuletzt doch entlassen hatte, er sei zu oft betrunken gewesen). Die kleine Pension reichte für ihn und seine Frau. Trotzdem unterhielt er im benachbarten Haus eine Schusterwerkstätte, die er dann vorzeigte, mit eher lautem Stolz, im Unterschied zu seinem Neffen und dessen Weinberg. Es hatte nicht den Anschein, als ob der noch nicht sehr alte Schuster, *obučar*, da viel arbeitete, und wenn, so jedenfalls wohl nicht täglich. Wohl lagen Schuhe zuhauf in einer oder mehr Kisten, doch durcheinander und wie schon seit ziemlich langem. Die zugehörigen Werkzeuge waren freilich vollzählig bereit; sogar eine Pumpmaschine gehörte dazu, zum Ausweiten der Schuhvolumen. Und der Dorfschuster erbot sich, auch mir die Schuhe, *cipele*, zu reparieren. Wann ich sie abholen könnte? Im nächsten Jahr, zu Ostern, bei meinem nächsten Besuch in Velika Hoča. Und jetzt bedauere ich, ihm das Paar nicht gelassen zu haben, als eine Art Zukunftsversicherung, auch für die Enklave. (So existierten also trotz allem, obgleich vielleicht bloß als eine Art Schau, noch Handwerker im Dorf, und der Friseur oder Barbier nah am Ortseingang, in seiner Bude so klein, daß der Barbiersessel dort fast schon den ganzen Platz einnahm, war demnach nicht der einzige? Bäcker gab es dagegen keinen, das Brot wurde angeliefert von einer albanischen Fabrik.

Und was geschah mit dem örtlichen Weizen, der *pšenica*, dem einzigen Getreide, *žito*, das in der Enklave angebaut wurde, und zwar auf mächtigen Feldern, die fast so viel Raum beanspruchten wie die Weinberge und im Maiwind damals wogten wie eben nur Weizenfelder? Auch eine Mühle und ein Müller bestand nicht, und die glücklichen Weizenkornbesitzer mußten ihr Mahlgut wiederum einer Albanermühle überlassen, die einen nicht unbeträchtlichen Teil des Mehls als Entgelt einbehielt. Und was geschah mit dem Restmehl, dem fürs Dorf? Es wurde gebacken mit *kvasac*, Hefe, im Haus des Glücklichen selber. In den überlieferten alten Backöfen? Eher in kleinen, leichten Elektroöfen, wo die entsprechend winzigen Brötchen in Minutenschnelle gebacken waren – die Frau des Schusters ließ mich am bewußten Tag Zeuge werden.)

An einem jener Maientage war es auch, daß Rada, die Frau des Popen, im Pfarrhausgarten, dessen Mitte die bescheiden bemessene

Hauptkirche von Velika Hoča einnahm, erzählte, daß ihr Mann während des Krieges vom März bis Juni 1999 und noch Monate danach, unter der NATO-Besatzung, wahnsinnig gewesen war. Wie das? Verrückt, ein so ständig – wenn er nicht einschlief im Nußbaumschatten – präsenter, geistesgegenwärtiger, auch spielerischer, und vor allem bodenständiger Mensch? Einer aus der westserbischen Landgegend, nah der Drina, in der Jugend ein Boxer, und auch jetzt noch diese Bodenständigkeit beweisend, indem er in einem Spiel, wo es galt, mit beiden Füßen fest an Ort und Stelle zu bleiben, sowohl mich wie den entschieden weniger leichtgewichtigen Ostserben Zlatko in zwei, drei Handumdrehungen aus dem Stand gehebelt hatte? Und wie äußerte sich der Wahnsinn des Popen? Seine Frau wollte es nicht recht sagen, es ziemte sich wohl nicht, des geistlichen Amts wegen, deutete bloß an, ihr Mann habe, das schlimmste, die Messe nicht mehr zelebrieren können, habe Umgang nur noch mit seinen Haus- und Hoftieren, dort hinter der Kirche, gepflegt, mit den Perlhühnern, den Hasen, den Brieftauben, dem einen Fasan, oder habe tage-, wochen-, monatelang sinnlos im Schuppen nebenan den vom ersten Telegraphenamt der Gegend geerbten, längst ausgedienten Fernsprechkasten aus- und eingestöpselt. Und der Wahnsinn habe sich eher noch verschlimmert nach dem NATO-Bombenkrieg (jeder im Ort wußte im übrigen noch die Stellen, wo rund um Velika Hoča die Uran-abgereicherten Bomben gefallen waren), während der Okkupation, durch die holländischen Truppen, welche sich gegen die einheimischen Kosovo-Serben hier, anders als etwa die Deutschen weiter im Süden, die Italiener weiter im Westen und die Franzosen im Norden, angeblich besonders brutal verhalten hatten, angeblich wurden sogar die Dorfkinder geschlagen, und besonders die holländische Kommandantin hatte sich in das Gedächtnis nicht nur der Frau des Popen, sondern ins Gedächtnis der ganzen Enklave, bis hinüber in die Nachbarenklave von Upper-Orahovac, eingebrannt, dadurch, daß sie den Leuten aus Velika Hoča angeblich den Menschstatus absprach, über das leibliche Darbenlassen angeblich noch weit hinaus – und als Grund wurde, nicht nur von der Popenfrau allein, vermutet, so hätte sich diese Holländerin gegen sie, die Serben im Kosovo, verhalten, weil das eine Art Rache sein sollte für die massakrierten Muslimtausende seinerzeit nach dem Fall von Srebrenica, tausend Kilometer nordwestwärts jenseits der Drina, in Bosnien, wo die holländischen UNO-Soldaten im Juli 1995 die Massaker durch die bosnoserbischen Paramilitärs tatenlos hatten geschehen lassen. Da war sie also wieder, die allgegenwärtige »serbische Paranoia«? Und dazu der Pope unterm Obstbaum des Pfarrgartens, wie er bei der Erzählung seiner Frau von seinem Wahnsinn still nickte und in seinen Bart hinein lächelte, lächelte und nickte. Ob das tatsächlich ein Lächeln war? Und hieß das Nicken wirklich Zustimmung?

Zur selben Zeit jener denkwürdige Halbtag in dem fensterlosen Container namens »Rambouillet«, welcher, mit dem Pfarrhaus, dessen Küche und Hintergarten, das zweite Zentrum der Velika-Hoča-Enklave markierte. Stand der kirchliche Bereich im Prinzip jedermann offen, auch den Ortsfremden und sogar den vor nicht so langem zu den Feinden gezählten Ausländern, Westeuropäern, so war der Eintritt bei den »Weltlichen« von Rambouillet ausdrücklich »verboten«, *zabranjeno*, wenngleich eher bloß im Spiel – von allein wäre wohl kein Vorbeigehender auf die Idee gekommen, sich durch die Einstiegsluke zu den, so schien es von außen, schwankenden Gestalten in der Düsternis und spürbaren Bruthitze zu gesellen. Außerdem konnte in dem Behälter da wohl nicht viel mehr Platz sein als für die drei, die immergleichen, die dort drinnen Tag für Tag, von morgens bis werweißwann, versammelt waren. Die drei, das waren sozusagen die Dorfältesten, oder führten sich jedenfalls so auf, als gehöre auch das zu dem Spiel. Sich zu ihnen setzen zu dürfen, spielte der Wortführer das Spiel dann weiter, das war ein Privileg. Das mit dem Platzmangel war übrigens eine Täuschung, es hätte noch die doppelte Menge dort an dem Tisch sitzen können, wie es drinnen auch heller und weniger heiß war als gedacht. Und nicht alle drei waren Zecher, der eine Trinker gaukelte mindestens drei vor. Und wie verschieden im Lauf der Stunden die Alten wurden, nicht bloß einer vom andern, auch jeder an und für sich. Der anfängliche Wortführer wurde immer stiller und hörte, wie wir anderen auch, dem zu, der lange überhaupt kein Wort gesagt hatte und allmählich ins Erzählen, oder in ein frisches Erinnern gekommen war. Es sprach da der Vater unseres Quartiergebers, eines jungen Weinbauern (und ehedem Ingenieurs), des einzigen der Enklave, der es bis jetzt geschafft hatte, den von ihm gekelterten Wein nach Zentralserbien zu verkaufen; einige Restaurants in Belgrad waren seine Abnehmer. Der nierenkranke Vater, um in Haus und Kellereien nicht zu stören, fand, tagsüber zumindest, in »Rambouillet« Unterschlupf. Und was erzählte er da? Zum Beispiel von seiner Dialyse im Krankenhaus des südlich im Tal des Drini-Flusses gelegenen Prizren, wohin er wöchentlich mit dem Ambulanzwagen gefahren wurde, und er erzählte das vor allem der jungen türkischen Ärztin dort wegen, die ihn begeisterte, indem sie ihn gleich sorgsam behandelte wie die anderen, sämtlich albanischen Patienten, welche, zu schweigen von den Pflegern und anderen Einheimischen, für ihn, den Serben, obwohl sie doch das gleiche Leiden wie er hatten, angeblich nichts als Beschimpfungen übrig hatten. »Ein Mensch!« so pries er die Türkin, und der ehemalige Wortführer konnte da doch nicht die Bemerkung zurückhalten, das komme daher, daß die Türken den Umgang mit dem »Herrschen« gelernt hätten, »die Albaner nie«. Das erwähnte »frische Erinnern« des alten Erzählers in dem Container setzte zuletzt ein, als es um die Periode der Gesetz- und der Ratlosigkeit im Juni 1999 ging, nach dem Ende des NATO-Bombenkriegs, als die restjugoslawische oder seinetwegen serbische Armee abzog und die serbische Bevölkerung von Velika Hoča sich völlig alleingelassen sah. »Ich war verzweifelt«, erzählte er – seltsam, so ein Wort aus dem Mund eines alten, eines dörflichen Menschen zu hören, zumal auf serbisch, *očajan sem bio* –, »das ganze Dorf ohne Wasser, keine Kraft zum Weggehen, nicht einmal aus dem Haus bin ich gegangen, kein Wort habe ich mehr hervorgebracht, tagelang – und dann war es ein Wort, ein einziges Wort, das mir wieder aufgeholfen hat, und das war ein Wort von viel früher, ich weiß nicht, wie es mir so frisch in den Sinn kommen konnte, das Wort SABOR, das alte Wort für ›Versammlung‹ – die ›Versammlung des ganzen Dorfes‹, und dieses Wort hat mir wieder Kraft gegeben, und so bin ich in Velika Hoča geblieben und nicht ausgewandert, denn wenn der Hase seine Behausung verläßt, kommt er nie mehr zurück!« Und dazu jetzt bei der Nachschrift hinter dem Erzähler und dessen im Containerhalbdunkel sehr hellen Augen das Netz voll mit den ortsspezifischen Nüssen, so hart, daß noch kein Nußknacker erfunden ist, die zu knacken, und gegenüber der kleine Herd, so verrußt, daß sein Volumen verdoppelt erscheint und seine Form zur Unform geworden, und der Sitz, der Klappsitz, des Zuhörers, meiner, als Teil einer Reihe, die wiederum Teil einer viel längeren Reihe ist – einer Sitzreihe des ehemaligen Kinos von Velika Hoča (ja, das gab es dort, noch zur Jugoslawienzeit), und in die Armstützen Buchstaben geschnitzt, ein N, ein A, ein I, ein K, ein M, undsofort, ohne daß sich aus den Gravüren, in gleichwelcher Sprache, ein sinnvolles Wort ergäbe, wieso dann also seinerzeit die Schnitzereien? »Aus Langeweile«, so der zurück in seine Rolle geschlüpfte Wortführer des Ältestenrats von Rambouillet, benannt nach dem Ort, wo im Februar 1999 die sogenannten Friedensgespräche von »Restjugoslawien« stattfanden.

Am Abschiedstag in Velika Hoča dann doch etwas wie ein regelrechtes Interview mit einem örtlichen Ehepaar. Das ergab sich zufällig, indem ich hügelauf unterwegs war zur Quelle des Dorfbachs und dort unversehens auf eine wasserschöpfende Frau traf, die mich zum Kaffee lud ins Haus am Hang, das letzte dort oben in der Enklave. Zu den Fragen meinerseits kam es nicht ganz ungezwungen, einmal weil zu spüren war, daß die zwei Bewohner genau das, und allein das erwarteten, und dann auch, weil ich nach einer Woche des unsystematischen Herumsitzens und mich Herumtreibens das Gefühl hatte, das sei jetzt die Möglichkeit, etwas Versäumtes nachzuholen. Was auf diese Weise dann aber sich einstellte, war die einzige künstliche, oder gekünstelte Situation während der ganzen Zeit in Velika Hoča. Mein Fragen wie auch das Antworten meiner beiden Gegenüber, sie fielen heraus aus jener einen, organischen Zeit, welche den Aufenthalt bisher bestimmt hatte. Ob das an meinen standardisierten oder rudimentären Fragen lag, für die ich immer wieder im Wörterbuch nachschlug? (Daß ich wieder einmal ohne

»meinen« Übersetzer zurechtkommen mußte, behagte mir andererseits, belebte, machte findig.) Nein, es lag nicht an meiner Fragerei. Standardisiert oder, spürbarer noch, auf eine einzige Dimension konzentriert, erschienen, gegen Ende der Fragestunde mehr und mehr, des Gastgeberpaars Antworten. Es war fast, als hätten die zwei diese eingeübt, und sie sähen in mir einzelnem so etwas wie einen westlichen Pressevertreter oder den Teil einer internationalen Kommission. Ihre Angaben und Aussagen im Ohr, die durchwegs ein tonloses Sichbeklagen waren, kaum ein Satz ohne Daten und Zahlen, konnte ich nachvollziehen – was kein Gutheißen war –, wie der und der Journalist in seinen Artikel das Wörtchen »angeblich« eingeflochten hatte. Dabei war doch an allen den Zahlen und Daten nichts zu rütteln. Mit den neunzig monatlichen Euros von der »Staatengemeinschaft« konnte gerade das Internat der beiden in Kosovska Mitrovica die Schule und die Universität besuchenden Kinder finanziert werden, und die von Belgrad bezahlte Pension für den »natürlich« schwerkranken Mann ging auf für die Hausmiete (seltsam wieviele Anwesen im Dorf gemietet waren – die Eigentümer weit weg, im inzwischen anderen Land). Der von der Protektoratsverwaltung zugestandene eine Kubikmeter Holz pro Jahr reichte nicht einmal bis zur Wintermitte. Mit den drei jedem Haushalt zugestandenen UNO-Hilfsgüterpaketen, Speiscöl, Reis und Fischkonserven (die letzteren aus Rußland, dem Land der letzten serbokosovarischen Hoffnung) konnte man sich nicht auf die Dauer ernähren, zumal noch eine dritte Mieterin bei ihnen hauste – die zugleich, wie auf ein Stichwort, für eine Sekunde auf der Veranda, wo wir saßen, erschien und auch schon wieder verschwand, in ihr Hinterzimmer, so wie überhaupt viele der Leute von Velika Hoča, fällt mir jetzt auf, die aus einem Haus dort traten, ob Eigentümer oder Mieter, den Eindruck von Hinterzimmerbewohnern machten. Nicht zu bezweifeln vor allem die Hauptklage: Unmöglich sei es geworden, sich wie früher mit dem Bus die für das Haus nötigen Geräte drüben im serbischen Teil von Kosovska Mitrovica zu beschaffen, selbst für die mit Geld – auf der Rückfahrt werde der Enklavenbus, seit der albanischen Unabhängigkeitserklärung des Kosovo im Februar, regelmäßig von der Polizei aufgehalten, und auf jede Waschmaschine, jeden Heizlüfter (der Strom immerhin werde von Belgrad bezahlt), jeden Kühlschrank werde ein Strafzoll erhoben, so hoch, daß ihn auch der (relativ) Betuchteste in der Enklave bald nicht mehr würde bezahlen können. Zwar komme es, anders als früher von seiten der UÇK-Freiheitskämpfer, trotz gelegentlicher Halsabschneidegesten hin zu den Buspassanten, kaum mehr zu körperlicher Gewalt, um die Enklavenbewohner zum Verschwinden zu bewegen – die neue Methode aber werde zuletzt die wirksamere sein! Und während all dieser tonlosen Klagen saßen wir hoch über Velika Hoča auf der Veranda nebendraußen in der Sonne, bei sanfter Mailuft und Kuckucksrufen, auf einem Gerümpelsofa, über das wieder eine ausgediente Decke der Deutschen Bundesbahn gebreitet war, angesichts eines schönen, nur merkwürdigerweise kaum bepflanzten Hanggartens, umstanden von Nußbäumen, dahinter ein vertrocknender Weinberg (bei der üppigklaren Quelle der Potočica so nahe), und das einzige Mal, daß ich auf meine sonst doch so bewährten Ablenkungsfragen und eigens das Thema verfehlenden Bemerkungen eine Antwort jenseits des (mir vielleicht bloß eingebildeten?) Klageschemas bekam, war, als ich etwas wissen wollte zu dem Streifen des da ausnahmsweise gemähten, nicht hochwuchernden Grases vor dem Haus: »Sonst kommen die Schlangen.« Und wie fürsorglich das Paar vom Enklavenrand dann den Besucher zum Gartengatter begleitete und ihm den Abkürzungsweg zeigte hinter dem Quellfelsen, wo an dem Wasser Myriaden kleiner lila Schmetterlinge gaukelten, bei ihrem Auffliegen lila der ganze Luftraum. Und da erst war zu erfahren, daß die beiden Flüchtlinge waren. Aus einem anderen

Land? Aus einer anderen Provinz? Nein, aus dem Nachbardorf, gleich nebenan.

Nicht der einzige Besucher, nicht die einzigen Gäste von Velika Hoča während der Maiwoche 2008 war ich, waren wir. Ein Student aus Frankreich spielte mit den Kindern am Wahlsonntag im Schulhof – in der Schule das Wahllokal – taglang Ball. Eine Israelin, durch Heirat nach Serbien verschlagen, richtete in der Enklave ein Atelier für Malkurse ein. Der Streifenwagen der Kosovo-Polizei (Nachsicht für das Wortspiel) streifte das Dorf in der Regel bloß. Und die österreichischen oder schweizerischen KFOR-Freiwilligen, die bei zunehmender Hitze halbe Tage, und länger, auf dem Platz vor dem Pfarrhaus in ihren Jeeps aushielten und die Serben von Velika Hoča beschützten – vor allem am Wahltag, da die nur scheinbar ausgedienten Stacheldrahtrollen zwischen den Enklaven und dem Umland zurück über die Straßen und Wege gerollt wurden: waren sie als Besucher, als Gäste anzusehen? Ein paar von ihnen, die außerhalb ihres Dienstes nicht bloß den Popen, sondern auch die Außenseiter und die von nebendraußen beehrten, mit Gewißheit. Diese meist noch sehr jungen Mitteleuropäer waren nicht die große Ausnahme; jedenfalls nicht ganz wenige unter diesen Soldaten zeigten sich, jenseits von Urteilen über Gut und Böse, als aufmerksame Beisitzer, Frager und Zuhörer, versuchten auch, die örtliche Sprache zu lernen und, das nun allerdings die Ausnahme, verstanden und sprachen diese sogar. Es gab freilich auch andere Gäste. Seltsame Vögel waren das. Sie sagten ja auch in beinah entwaffnender Offenheit selber, jeder von ihnen sei hier im Kosovo, weil er in seinem Stammland »ein Problem gehabt« habe. Es handelte sich bei diesen Enklavengästen um jene Angehörigen des »Friedenskorps«, die schon lange vor dem NATO-Krieg als Mittler, Schiedsleute oder eben »internationale Beobachter« ihre Büros bekommen hatten und all die Jahre nach dem Krieg und nach dem Märzpogrom 2004 an Ort und Stelle geblieben waren. Eine Heimkehr – vor allem Deutsche waren es, die regelmäßig die Enklave aufsuchten, wenn auch ausschließlich die Küche des Popenhauses – schien für diese ehemaligen Studenten der Germanistik, Magistratsangestellten usw. nicht mehr in Frage zu kommen, obwohl »wir, unsere Friedensmission ist ja ehrenamtlich, kaum bezahlt werden«. Kein einziger dieser Dauergäste, der in all den gut zehn Jahren und mehr ein wenig die Enklavensprache gelernt hatte; »höchstens, daß dem Dietmar [der Name ist hier geändert] beim Aufstehen vom Küchentisch einmal ein DO VIĐENJA [Auf Wiedersehen] einfällt«, erzählte Rada, die Popenfrau, »aber auch dabei verwechselt er immer wieder Serbisch mit Albanisch und sagt statt DO VIĐENJA *mirupafshim*. Mehr kann er auch albanisch nicht. Dietmar ist dumm.« Im Serbischen, oder speziell bei ihr, hörte sich das als ein besonders sprechendes Wort an: »Dietmar je *glūp*.«) Und wieder saß ihr Mann, der in einer Zwischenzeit einmal verrückt gewesene Pope, mit seinem Lächeln daneben und sagte: »Dieses Haus ist das Haus Gottes, nicht mein Haus. Es ist ein offenes Haus, und wird das bleiben.«

Ohne daß ich die Kuckucke von Velika Hoča erwähnt hätte, erzählte mir jemand nach der Rückkehr von dem Problem der Kuckucke hier im zentralen Europa: infolge der Klimaerwärmung brüteten seit einigen Jahren alle die Vögel, denen sonst die speziellen Kuckuckseier ins Nest geschmuggelt worden waren, viel früher aus, und die Kuckucke »wußten« das noch nicht und fanden sich vor leeren Nestern. Das war der Grund dafür, daß sie unverrichteter Dinge weiterflogen und in unseren Breiten auch die entsprechenden Rufe kaum mehr zu hören waren. Bei dieser Erzählung hatte ich in meiner Alltagsumgebung auf einmal wieder den bis in die frühen Nächte hinein andauernden Schall rund um die inzwischen so ferne Enklave im Ohr, und es war so im nachhinein, als hätten sämtliche Kuckucke aus Mittel-, aus Nord- und aus Westeuropa sich dort unten im Kosovo zusammengefunden. Unerfindlich, warum mir dazu alle die Dietmars, Manfreds und Kevins in den Sinn kamen. Recht bedacht, waren sie, wenigstens die, welche die Gewohnheit hatten, in Velika Hoča in der Popenküche zu sitzen, ohne Arg. Die Enklave lag entschieden höher als die albanischen Siedlungen, die Luft war gut, und der Blick ging südwärts weit über die Prizren-Ebene hin zu den auch im Mai noch schneebedeckten Bergen, hinter denen Mazedonien begann und wo das ferne Blau schon Griechenland erahnen ließ. Der *Rakija* der Gegend war naturrein, und der einheimische Wein, der rote wie der weiße (ein »Rheinriesling«) verdiente den Namen *vino*, während der monopolisierte, nur er war zu kaufen in den Läden, selbst den serbischen inzwischen, mit Verlaub in jeder Hinsicht ein Schwindelgeschäft war (ungerecht aber, zu meinen, zu dem Drang, das Gesöff sofort auszuspucken, trage schon bei das albanische Wort für »Wein«, *verë*). Nein, die Dietmars hatten sich in Velika Hoča nicht etwa eingenistet; sich nicht in ein fremdes Nest gedrängt. Der Ort, eine Rampe für

Augen und Ohren unter dem großen Himmel, diente den Heimatlosen, wenn nicht als Heimat, so als Zuflucht. Ohne dieses Velika Hoča, von dem eine Etymologie sagte, es bedeute »Viele Väter« – wären sie im Kosovo, oder überhaupt, noch jammervoller verloren gewesen. Sie klammerten sich geradezu an Velika Hoča, als an ihr Ultima Thule. (Und in Klammern sei hier angemerkt, daß es auch weniger harm- oder arglose Besucher gab, oder gegeben hatte, selbst Jahre nach dem Ende des Krieges, Besucher, für die der Vergleich mit den Kuckucken viel zu schwach gewesen wäre – für die überhaupt keinerlei Tiermetapher gegriffen hätte. Als Klammerbeispiel jene Kopftuchfrau mit dem Photoapparat, welche vor Jahresfrist bei den orthodoxen Auferstehungsfeiern in Velika Hoča, sich als »mit der Enklave sympathisierende christlich-albanische Journalistin« ausgegeben hatte. Wenn sie überhaupt sprach, dann englisch; während des Gottesdienstes rannte sie in einem fort zwischen den Messebesuchern hin und her, hinaus ins Freie und wieder zurück, unentwegt auch ihre Kamera betätigend, Blitzlichter losschießend auf alles in der kleinen Kirche, was sich regte und nicht regte, den Popen, die Ikonen, die Hörer der Auferstehungsbotschaft, und ebenso unentwegt im Versuch, ihre Objekte, Erwachsene und Kinder zu gruppieren und umzugruppieren – und plötzlich, hast du's gesehen, war sie verschwunden, und in der Woche darauf stand im Hamburger *Spiegel* ein Artikel, worin, was zählte, mitnichten das Osterfest von Velika Hoča war, vielmehr die Enttarnung der Enklave als ein Hort von Kriegsverbrechern, und die des Popen, als dem Machthaber, dem gegenüber alle die kleinen Leute – die üblichen anonymen Zeugen, die sagten, was im voraus zu drucken geplant war – das Nachsehen hatten. Die »christlich-albanische Sympathisantin« war in Wahrheit die deutsche Korrespondentin des Nachrichtenmagazins in Belgrad gewesen. Sich so zu verkleiden, hieß von vornherein, als Feindin zu den Enklavenleuten zu kommen; hieß, daß sie sich nach dem vorgesehenen Schema zu verraten hatten. Auch die Kamera war bloße Tarnung gewesen – die Photos, die im *Spiegel* zu dem Werk erschienen, stammten gar nicht von ihr, der Apparat war wohl leer gewesen, nur die Blitze echt. Nein, kein Tiervergleich war da der Fall, und schon gar nicht der mit den Kuckucken, *kukavice, qyqe.* Denn, Sophokles' »Antigone« leicht abgewandelt und mit einem Fragezeichen versehen: »Vieles war unvergleichlich, nichts aber unvergleichlicher als ein Mensch, ein solcher oder ein solcher?« O Mensch. Ach, Mensch. Diese Frau, dieser Mensch hatte sich verkleidet und in die Enklave eingeschlichen, um dem Krieg Krieg zuzufügen, was, wenn vielleicht kein Verbrechen, einen Friedensbruch bedeutete? Klammer zu.)

Immer wieder in den letzten Jahrzehnten der Refrain, daß die Serben ihr Recht auf den Kosmet (Kosovo und Metohija) ableiten wollten von der doch längst verjährten, außerdem (gegen die Türken) verlorenen Schlacht auf dem *Kosovo Polje,* dem Amselfeld, anno 1389. Und es war so dann jeweils ein leichtes, solche Ansprüche lächerlich zu machen, indem es etwa in der *Süddeutschen Zeitung* dazu hieß, das sei so, wie wenn Bayern heutzutage Istrien für sich reklamiere, wo das Königreich B. im 19. Jahrhundert einmal Besitztümer gehabt habe. Ich hier aber bin noch keinem Serben in Fleisch und Blut begegnet, der um sein Kosovo willen mit dem Amselfeld anfing, und schon gar nicht in Velika Hoča. Wenn einer der Bewohner der Enklave überhaupt von seinem Recht sprach, dann von einem, das abzuleiten war von der Gegenwart und einer sie begründenden, lebendigen, unverjährten Vergangenheit, von dem Leben auf diesem Boden und dessen Bearbeiten durch den da Ansässigen jetzt, jetzt und jetzt im Verein mit dem Vorleben und Vorarbeiten der Eltern, der Großeltern, der Urgroßeltern, der Vor- und Vorvorfahren. Dieses Recht brauchte keine Legende und schon gar keinen Mythos. Das Recht auf das Land kam aus dem Jetzt und dem Hier. Und dieses Land mußten die Leute von Velika Hoča nun, mir nichts, dir nichts, als verloren ansehen? Und merkwürdig vielleicht noch, daß das Wort »Recht«, *pravda*, sich in meiner Erinnerung all die Zeit von nur wenigen der Enklavenleute überhaupt hören ließ, wohl aber, um so häufiger, das Wort *nepravda*, Unrecht. Und dazu jener Satz im Ohr, eines der jungen Freiwilligen aus Mitteleuropa, welcher, wie auch anders, »anonym bleiben möchte«, zu den Serben und dem ihnen genommenen Kosovo: »Ein großes Unrecht ist geschehen.« Aber so ist das Leben. Oder: So spielt die Geschichte?

Wenn ich jetzt im November an die Maiwoche in Velika Hoča zurückdenke, was kommt mir da zuallererst in den Sinn? Es sind die Klappstühle des ehemaligen Dorfkinos, aufgereiht in dem Container namens »Rambouillet«. Niemand hat darauf Platz genommen, die Stühle sind leer wie der ganze Container. Und ich denke dabei an die Geschichte des *Kinogehers* von Walker Percy, wo der Held einmal sinniert über die Stuhlreihen im nächtlich verlassenen Kino eines Außenbezirks von, glaube ich, Baton Rouge, Louisiana: wie diese leeren Stühle in der Nacht vom Überdauern erzählen, durch die Jahre und die Jahrzehnte. Ob das mit den Stühlen im Container dort in der Enklavenmitte auch so ist? Ob sie jene Ratsversammlung, den *sabor,* abhalten, von dessen Wort allein schon der alte Mann von Velika Hoča in seinem Elend sich aufgerichtet fühlte? Ich weiß es nicht. Aber da sind sie nun, die Stühle, und sprechen ihre Sprache.

Inzwischen ist es Dezember, sieben Monate sind vergangen seit der Nachosterwoche in Velika Hoča, und gerade das seinerzeit Bedeutungslose gewinnt an Bedeutung. Gewinnt? Ja. Aber nicht an Bedeutung, sondern an Zeichenhaftem. »Ein Zeichen sind wir, deutungslos …« Das Deutungslose, es wirkt nach – nachhaltiger Teil des Bleibenden und Überdauernden; jedenfalls, jetzt und jetzt, in mir. Und so möchte ich es überliefern, hier und hier.

Der eine Markttag, an dem der Albaner, ein »christlicher«, ins Dorf kam, mit einem Karren gedrängt voll Ferkeln, so sauberen, wie nur Ferkel es sein können, reinweißen. Eines davon habe ich dann gekauft, für das Haus des Popen. Wie es zuerst geschrien hat, als es in den umzäunten Grasgarten hinter der Kirche geschleppt wurde. Und wie es dann still geworden ist, nachdem es sich seinen Platz geschafft hatte, eine Kuhle im dichten Gras, so wie sonst Schweine sich in die nackte Erde und in den Schlamm buddeln. Die kleinen Perlhühner des Popen trippelten piepsend um es herum, und das Hündchen dort, aus seiner Hütte heraus, beäugte es, still wie das Ferkel selber.

Und die eine geschrumpelte Morchel beim Besuch in einem anderen Garten, von der Hausfrau eigens dort liegen gelassen, wo sie gewachsen und gefunden worden war, in einem entfernten Winkel, am Fuß eines Zwetschgenbaums. Warum war die Morchel denn nicht geerntet und für die Küche verwendet worden? Antwort: Wir haben sie da liegen lassen, in der Hoffnung, im nächsten Frühjahr würden dank der einen Morchel mehrere nachwachsen, eine ganze Familie.

Und der eine Morgen gegen Ende der Woche, ein Tag der üblichen serbischen Nach-Feste (nach dem Tag des Hauptfestes jeweils einige Nachfest-Tage): Glockenläuten allerseits quer durch das Dorf, von wenigstens drei der dreizehn Kirchen, und zugleich aus dem albanischen ehemaligen Nachbardorf, tief unten, der Gebetsruf, alle Bergschründe durchziehend und aus der Tiefe heraufschallend, des Muezzin von der Moschee dort, und zugleich das Einsetzen des Geheuls sämtlicher streunender Hunde von Velika Hoča, im Einklang mit dem Geläute in der Nähe und dem Rufen in der Ferne … Und die Kresse, jeden Morgen, gekostet am Enklavenbach, wo ich mich wusch, weil es im Quartier kein Wasser gab. (Satz, R. Kapuściński gewidmet.) Und die Myriaden der kleinen blaßblauen Schmetterlinge oben an der Bachquelle und Enklavengrenze, wo die Viermalmyriadenflügel einem die Ohren streiften, sowie man die Blauwolke querte … Und jener letzte oder vorletzte oder erste Morgen in Velika Hoča, da ich, aus meinem Quartier durch das Hoftor auf den Dorfplatz getreten, mich auf die Stufen vor dem Tor setzte, da der eine kleine Streunhund sich zu mir gesellte, da die Enklaven-Kinder über den Platz zur Schule gingen, da die Enklaven-Alten sich aufmachten zu ihren hoffnungslos-heiteren Tagesrunden, da die Dorfplatzlinden grünten, und da unter uns allen ein illusionäres Einverständnis herrschte, nicht mit der Geschichte, bewahre, aber mit der Morgenluft, der Ratlosigkeit, dem Rundenziehen, dem Dasitzen … Und unser Quartiergeber, der seinen empfehlenswerten Kosovo-Riesling an die angeblich besten Restaurants in Belgrad lieferte … Und seine schöne Frau, die wir kaum zu Gesicht bekamen, und von der wir zuletzt erfuhren, sie sei einst »Kosovka devojka« gewesen, das »Kosovomädchen«; eine Art von Miss Kosovo … Und die großen Augen und dicken Wangen ihres kleinen Kindes …

Juni – Dezember 2008